神の隠した
もう一つの選民

シオン真極
Maki Shion

今日の話題社

シオン真極　73 歳　平成 12 年 8 月撮影

藤井恭介リサイタル　伴奏・平井千恵子氏(昭和４年)

若き日のウェックスラー氏
(大正初期)

平井氏宅ホールにて　左端が父・藤井恭介（昭和８年）

大谷古墳入口　10 メートルほどの小山の上にある

古墳内部　奥までは 10 メートルほどあり、天井は大きな石で固められている

神の隠した　もう一つの選民

シオン真極

序　文

私の、六十八年の人生はただ神のためだけにあった。

それから七年を経て、さらに多くのことを悟り、書く必要に迫られ、どのように書くかを考え、最も必要なことと、それに関わることにしぼって書こうと思った。言いたいことはそれだけであった。

しかし書き始めてみるとなかなか筆が進まず、神に問うと、

「私の生い立ち。若き日のすべてを書くように」

との答えであった。

起こったこと、考えたこと、感じたことなども含めてである。自分で必要ないと思うことの中にも必要な何かがあるのであろうか。私にはわからないままに、生い立ちからのすべてを書くことにした。随分多くを書くことになったので、読まれる方は必要と思われる所から読んでいただければ結構だと思っている。

目次

第一章　生い立ち

謎の古墳

生駒にある大谷古墳は謎の古墳である。古墳はすべて墓として造られている。しかし大谷古墳はそれらしきものがないのである。それに古文書もない。それでも二十年前ごろは「大谷古墳」と立て札があったが、今はそれもない、忘れさられた古墳である。

三キロほど離れたところに十三塚が、中央に少し大きく、両方に六基ずつ小型の塚が並んで立っている。

イエス様と十二人の弟子の墓といわれているが、これも何も出てこない。ただ、大谷古墳と造った人が同じであるという霊能者の証がある。

国木田独歩のみが「何もないところに意味があるのではないか」と言っている。何の理由もなく造られることはないからである。造りも立派である。

一体何のためにこのような古墳が造られたのか？

私の生涯はこの謎を解くためにのみあったのであった。

父・藤井恭介

昭和二年、姫路市五軒邸に私は生まれた。父・藤井恭介は医師であり、家は七代続いた医者で、祖父・玄堂は大阪の藤井右門らと共にオランダ医学を取り入れるために尽力した人であった。

父は仕方なく医者になったが、当時には珍しいヴァイオリンの天分を持っていた。当時ロシア革命で白系ロシアの貴族が海外に亡命したが、その一人ウエックスラー氏が日本に亡命されてNHK専属のヴァイオリニストをしておられた。

多分父はラジオで聴いたウエックスラー氏のヴァイオリンの虜となったのであろう、中学時代にヴァイオリンを手にし、ついに芦屋のウエックスラー氏を訪ねたのであった。氏は父の天分を認め、専門にすればヴァイオリニストとして日本のみでなく外国にも通用すると言われたが、何しろ明治の末期の日本でヴァイオリンでの生活は考えられず、理解者もなく、医者になるのが当り前の運命から逃れられなかった。幸い中学の同クラスに尊敬していた築木正男氏がおられ、彼の影響もあって医学部に進み、ヴァイオリンの弾ける大学を探し、榊原仟教授がオーケストラを編成しておられた九州大学に入学した。

　築木氏は東京大学を出てドイツに留学され、日本で初めて胃切除の手術をされ、初代原子力委員長になられた。

　父はヴァイオリンばかり弾いて留年を繰り返し、三十才近くになって卒業し、姫路の旧日本毛織会社付属病院長として勤務した。実家は岡山大学医学部を出た長兄が祖父の後を継いでいた。

　父は月に一度芦屋に出向き、ウエックスラー氏のレッスンを続けていた。ウェックスラー氏はずっと後に芦屋に住んでいた貴志康一氏を見出し、貴志氏はウエックスラー氏の希望に沿われヨーロッパに渡られ、その後、指揮者となられ、日本に帰り二十八才の若さで亡くなられた。

　このころ日本にクライスラーが大正十五年に、シュゲッティが昭和四年に来られている。そのプログラムが父の遺品の中に大切に置いてあったのを覚えている。

父の結婚

母の叔父が文理大を出て姫路北高校の教師をしていた。叔父の奥さんは東京女子大学を出て姫路市立女学校に勤めていた。母は女学校を卒業した後、この叔母を慕って身を寄せていた。

そのころ東京大学を出た阿部知二氏が姫路の神戸大学文学部に赴任してこられた。叔父は文学少女の母をいつか見合わせようと思っていた。

父の長兄が叔母の勤める市立校女の校医をしていたが、叔母が「弟さんに見せて下さい」と母が着物を着て琴を弾いている写真を渡した。

父がそれに一目惚れ、すぐ見合となりアッという間に結婚が決まった。

口数が少なく、理性的・理知的な父に対して、母は明るく社交的で、料理上手で父を喜ばせた。

最初生まれた男の子は数カ月で死に、二年後姉が、その二年後私が生まれ、年児で弟が生まれた。

姉は無口でお利口さんで生まれつき高い気品を持った子供で、それに比べて私は喜怒哀楽が激しく強情で、こんな子見たことないと呆れられるほどやんちゃだった。

当然姉は母の寵児となり、私はこのまま大きくなっては大変だと厳しく叱られるばかりの毎日であった。

幼き日　父の想い出

父は一白水星の卯年で、私が三回り下の一白水星の卯年だった。何か因縁めいたものを感じたのか、父は私を大切にした。私が幼稚園に入ると母が会長になり、小学校に入ると父が後援会に入った。

離れの子供部屋には、スベリ台、ハンモック、積木、お人形、ぬいぐるみなど、おもちゃがいっぱいあり、お正月には床の間に大きな羽子板が並べられ、三月の雛人形、市松人形、外国からはフランス人形、ママー人形、キューピー……。廊下の突き当りは本棚になっていて、百六冊の小学生全集が並んでいた。あらゆる童話、芥川の『トロッコ』『杜子春』『アブニの神』『家なき子』『小公子』『青い鳥』など、皆ここで読んだ。

庭には大きなブランコが二つあり、いつも多くの友達が遊びに来ていて、父が生きている間は超お嬢だった。

父はまた、夜には母を連れて楽器店にレコードを買いに行った。童謡も買ってきた。「青い目の人形」「四丁目の犬」、特に「鬼ごっこ、ナイトさん」が好きだった。

小学校入学の時、わざわざ神戸の大丸でランドセル、筆入れなど一式揃えてくれた。神戸からの帰り、電車が須磨の浦を通る時、ちょうど夕日が海に沈むところで、それを見た父が私に席を譲って夕日を眺めさせた。美しさに見惚れる私を、幾度も幾度も振返って、夕日を見ては私を見て、満足そうに微笑んでいた。

父は立派な人で、私は幼心にも父に対して畏敬の心を持っていた。父の前でいたずらや我儘はできなかった。

知的で理性的な父は、私の性格をよく見て上手に導こうと心を配り、母のヒステリーに日ごと暗く潰されていく私を気にしていた。

父のヴァイオリンは有名で、日曜日には遠くからもお弟子が来られた。また姫路の音楽活動に力を入れ、山田耕作やソプラノ歌手の関鑑子などを招いたり、神戸大学の音楽会には必ず望まれてヴァイオリンを弾いた。

その忙しさからか四十才を過ぎた父の写真にはありありと疲労感がにじみ出ているように思える。

父が死んだのは四十四才だった。

風邪をこじらせ肺炎になり、アッという間の出来事であった。

姉が、弟が、私が手を握ると次々と子供を眺め、苦しい息をしながら、父は死の直前まで私をみつめた。優しい、何か言いたそうな顔で、それは誰よりも長かった。私から目を離し、頭を上に向け目を閉じ、動かなくなった。

母、姉、弟と、若き日

姉はピアノを習っていた。父から才能を受け継いでいたため、アッという間に上達した。幼い私の耳に姉の弾くバイエル、ソナチネの完璧なメロディーが残っていて、これは後で大いに役に立った。姉は女学校に入ると自分でコルトーのレコードを買ってきて、ショパンやリスト、モーツァルトを好んで弾いていた。当時の上野音楽学校（現・東京芸大）の教授、高折官次氏に一年師事して、卒業と同時に上野音楽学校に入学した。

上の弟は中学四年（今の高校一年）から海軍将校になる学校に入学した。

私は優秀な姉と弟の狭間で小さくなっていた。

もともと好きなことにはのめり込み、他は全く興味を持たない私は、成績はバラバラで全く困った子だった。

母が一番主義ではなく、私には私なりの特長を見出してくれる人であったら、それでも楽しい日もあったと思う。けれど母の対象は世間であった。世間体の良い子が理想であった。しかし私は未だかつて世間を考えて生きたことがない。学生なら良い成績をと思うのが当り前、特に優秀な人の集まる学校に無理やりに入学させられ、人は皆五教科に縛りつけられ、夜中二時三時まで勉強して席順を争うその中で、入学から卒業まで勉強した記憶は一度もないのだった。

放課後、油絵を描き、短歌会に入り、コーラスに選ばれ、課外活動ばかり楽しんでいた。世間から見れば母は正しく、私は馬鹿に違いない。私には世渡りの知恵が全くなかった。

振り返ってみると、十八才まで私に楽しい思い出は少なく、いつも孤独で空想の世界に住んでいたような気がする。けれど、私は母も姉も弟も皆好きだった。

家には世界音楽全集があり、姉の伴奏で童謡や独唱曲を毎日歌った。母も歌が好きで佐藤千夜子や、関谷敏子の歌を料理しながら歌っていた。「恋はやさし野辺の花よ」、シューベルトのセレナーデが得意だった。声も良く、また歌うときはどこでもいつでもまるで舞台の上のように格好つけるのだ。

姉は夏、冬、春の休みに家に帰る度に新しい歌を教えてくれた。平井康三郎、信時潔。シューマンの「詩人の恋」やシューベルトの「冬の旅」。特に「冬の旅」が好きで、全曲歌った。

また、世界美術全集のダ・ヴィンチやミケランジェロに魂を奪われるように見入っていた。今思えば母に心の安らぎを得られないため、好きな音楽や絵画にそれを求めてさまよっていたような気がする。

戦争末期

戦争が烈しくなり、卒業すると皆挺身隊として川西航空機会社に行くこととなった。父の勤めていた日本毛織会社が川西航空機会社となっていた。時あたかも戦争たけなわ、学徒出陣となり、東大・京大をはじめ全大学から三年生以上の男子が消えた。

芸大も男子半分いなくなり、乗杉校長は怒って二年以上を全部卒業させてしまった。姉も二年十カ月で卒業した。日ごとに空襲が烈しくなり、川西航空機会社も五軒邸も焼けたが、幸い我が家は焼けなかった。

川に死体がごろごろ浮いていた。爆風で飛ばされ木にひっかかっている死体もあった。毎日空襲警報に怯えて暮らしていた。

「死んだらどうなるのだろう」

毎日のように考えていたが解るはずもない。

同じ年頃の男の子が次々と特攻隊に志願していった。

「死ぬのが恐くないのだろうか」

その人たちが同胞のために生命を捨てるのを見ながら、死ねない自分に悩んでいた。

何のために生まれてきたのか。

何のために人間が、地球が、在るのか。

地球から猿が、象が、一匹もいなくなっても別に変化はなかろう。

しかし人間がいなくなったら……地球に意味があるのか？　もし神がいて地球を造ったとしたら、そのテーマは何なのか……そして私は神のテーマは人間であり、それもその中心は人間の心であると思った。

もし生きて終戦を迎えることができたら、まず神を求めよう、と決心した。

終戦

原爆が落ちて、やっと戦争が終わった。疲れ果てていた。

それでもなお負けたくない人も多くいた。日本にとって敗戦は考えられないことであった。軍人たちの叫ぶ一億総玉砕に対して、

「民族はごく少数残っても必ず復活する。一億総玉砕はあり得ない」

とそれを退けられた昭和天皇の御聖断であった。

停戦の調印の日、ミッドウェーの甲板には、日本降伏の瞬間を撮そうと待ち構えるカメラマンの群でいっぱいだった。

日本からは重光大使が任命を受けて向かわれたが、大使はテロに遭われて片足が無く、松葉杖をついておられた。

車から降り立たれた大使を見たマッカーサーは、待ちかまえるカメラの撮影を一切禁じたのである。

その上屈強な水兵二人に命じて重光氏の身体を艦の上に抱え上げさせたのである。

その瞬間、負けた！との思いが胸を駆け回った。心に受けたその衝撃……はっきりと

意識した負け。それは人間に負けたのだった。

アメリカの神は生きている。アメリカの神は人を変える力を持っている。神を求めるならキリスト教を選ぼう。その時決心した。

それまではどこかに悔しい思いを持っていた。しかしその思いは消えていた。無事調印が終わった。そしてマッカーサーは言った。

「さあ戦いは終わった。これからは共に手をたずさえて世界平和に貢献しよう」……何のためにここまでひどい戦いをしてきたのだろう……。

まるで空しかった。これだけを見れば誰もそう思うであろう。若く世界の情勢など解らない私は単純にそう思った。

そしてまたアメリカには確かにそれが真実である良い一面があった。

しかしそれだけでは戦争はおこらない。日本をとことん追いつめて戦わせたのはアメリカである。真珠湾に向かう日本の艦隊をルーズベルトは知っていた。しかし黙って奇襲させたのである。

それには理由があったのだ。が、日本はまだまだ子供の国であり、アメリカの真意は掴めなかった。

アメリカは大きな目で世界を見ていた。そして、第一次大戦で意欲を失ったヨーロッパとアメリカをもう一度奮い立たせる必要を感じていたのである。その真意は書かないが、それに利用されたのが日本である。が、戦ってみると思いの外手強く、すぐ終わると思った戦争は長引いた。

イギリスの不沈の空母といわれたプリンスオブウェールズを撃沈した時、当時イギリスに支配されていたインド人たちは驚いた。日本人とはどんな人間か一目見たいと、空港に新聞記者が一人来ると聞いて黒山の人だかりだったが、降りてきた日本人があまり小さくてびっくりしたという話は本当である。

英国植民地のシンガポールが陥落した後だったと思うが、米英は停戦を申し込んできた。しかし日本は無条件降伏に応じるのみと言ったため、纏まらなかった。（この事実は葬り去られ、若い人たちは知らないが）

この後、米英は真剣に戦いだした。暗号は解読され、物資の乏しい日本は悲惨な戦いをさせられ、レイテ島玉砕以降、次々と玉砕した。それでもなかなか降伏しなかった。白旗を揚げることは誰もしたくなかった。小さなアッツ島を陥すのにアメリカは六千人の犠牲者を出していた。沖縄戦では千機を超える特攻機に悩まされたとチャーチルは回顧録に書いている。

もうこれ以上戦いたくなかったアメリカはできるだけの条件を飲んで降伏を迫ったの

である。天皇制を認める。決して奴隷扱いはしない。一億総玉砕と軍部は覚悟を決めていた。本土決戦になれば日本は大変だがアメリカも大変である。ポツダム宣言受諾の天皇の報を受けたアメリカはこのチャンスを決して逃すわけにはいかなかった。

負けたとはいえ日本は何も失ってはいない。これほど恵まれた敗戦はなかったと思うが、これは皆生命を賭けて戦った戦士たちの御蔭である。

日本人は皆日本が悪い戦争をした、東洋人に悪いことをしたと、そればかり強調して教え込まれ、国の誇りも個人のプライドも失ってしまった。イタリアもドイツも降伏した後、日本一国で四十カ国を相手に戦った。この日本を間違った戦争をしたと教えられた国民はもっと当時のアジアを知るべきである。

戦前の本に『東洋の憂鬱』と題したのがある。東洋を旅すると憂鬱になる。それは東洋の国のほとんどが白人の植民地であり、東洋人はまるで奴隷の如く使用されているからであると書いてある。

当時黄色人が白人と戦うことなど考えられなかったのだ。交易を結んでも条約はすべて不平等条約であった。

明治維新で世界に目覚めた日本が見たものは、白人の絶対優位な植民地支配の世界であった。

日本が日露戦争に勝った時はポリネシアの人たちまでも東郷、乃木の名を知っていた。軍国の日本を造って平等に交渉したいと思うのは当然であった。日本が精神的にもっともっと大人なら東洋を何とか助けようと思ったであろう。しかしやっと目を開いた若い日本が〝脱アジア・入ヨーロッパ〟の思想に傾いたとしても仕方のない時代であった。負けて奴隷扱いされるくらいなら総玉砕と思ったのも無理はない。何しろ天皇を現人神《あらひとがみ》と敬ってきた国体であったのだから。

そして何よりも白人を相手にここまで戦った日本人に植民地支配されていた東洋の人たちは驚きの目を見張ったと思う。彼らは日本の敗戦後、武器を奪って立ち上り、次々と独立を勝ち取っていったのである。

植民地支配の嵐の中、唯一独立国として白人と戦う日本を尊敬していた人たちは多くいた。スリランカの大統領もその一人である。敗戦後の日本のために尽力され、日本を守った人である。ビルマのスーチー女史の御父さんは戦前どうすれば独立できるかを日本に学ぶため幾度も来日しておられる。

戦争裁判

戦後のアメリカにはいまひとつ許せないことがある。戦犯裁判である。

思ったより強く抵抗され多くの犠牲を出した腹いせにやったとしか思えない。現地の人に捕えられ、処刑された人は仕方がない。また、直接戦争にかかわった上位の人たちは多く自決されている。私の家の裏隣の安武中佐は安武部隊の部隊長だったが、戦後自決された。子供が三人おられた。長男は障害児であった。

また、極限の中で命令に黙々と従って死んで行った多くの部下を思い、終戦の後始末をつけた後で戦った場所まで行って自決された方もあった。自分で責任をとられた方は少なくなかった。

日本の国立大学には最高の教授には勅任官という天皇直接の任命とされる位があった。それらの方々は戦争とは直接関係ない方が多かった。

姉のピアノ教授、高折氏も勅任官で、宮中の貞子皇后をはじめ宮様方を教えておられた。偶然だが美智子皇后もお弟子である。彼はユダヤ人ピアニスト、クロイツアーの最初の弟子として、井口基成、福井直俊ほか多くのピアニストを育て、日本のピアノを世界レベルに導いた人である。

母の結婚の仲人をした叔父・佐伯政二も文理大を出た後、再び京大に学び、浪波高等学校（現・阪大）の勅任官となっていた。戦争とは無縁の授業を受け持っていた。

戦後これらの人たちは皆戦犯として失職した。上野の教授、信時潔氏はその稀な才能のゆえに国家の要請で「海征かば」を作曲された。戦地に送る時、皆この歌を歌った。死の恐怖と戦う若人にとってこの歌は慰めとなり、決意を固めさせた。しかしこの歌が戦争をさせたのではない。この歌がなくても彼らは戦い死なねばならなかった。しかし信時氏は戦犯となられた。人は死ぬ時の思いは特に大切である。執着や怨念を残さない死に方が理想である。その意味ではこの歌は功労の高い歌なのである。

当時上野にいた姉は信時氏のことをよく話してくれた。当時のお金で億のお金がこの歌で入るのであるが、先生は一銭も身につけられることなく、その全部を国に寄付され、彼自身はいつもボロの服でボロの下着を着ておられ、生徒たちはゲラゲラ笑っていた、と。家に伺っても実に貧しい生活をしておられたのだ。東条英機は天皇制にこだわり続けて終戦が遅くなったが、最後は天皇制存続に満足し、絞首台に消えられた。最後の言葉は「自衛のために戦うのは軍人の義務である」であった。

日本人はこの四年の戦いを決して卑下することはない。

東洋の国で人々を苦しめたことは悪かった。


しかし奴隷制度は二百年続いたのであり、植民地もそうだ。戦後ソ連は多くの人たちを苦しめた。満州に残された一般の日本人がどれほどひどい目にあったか。

どうにか生きて引揚げ船に乗れた人も日本が近づくと女子は次々と海に飛び込んだ。満州にはレベルの高いインテリ層の人が多かった。ソ連兵に犯されるのは堪えられないのであった。多くの人が妊娠していた。

それを重く見た羽仁もと子たちが立ち上り、入国の際、一切名を聞かず全部処置するのを約束し、自殺を防いだのである。

戦争とは人智で考えられない心の状態を作り出すのだ……人を殺す……これを普通の人がさせられるのだ。心が狂ってしまうのだろう。

戦争という無法地帯の中で最も醜い心がむき出しになるのである。それは日本人もソ連人もどこの国も同じであろう。中国は解放の名の下にチベットを侵略し、百万人以上のチベット人を虐殺している。ソ連はまた終戦の後多くの日本軍人をシベリアに連れ去って抑留し、長い間帰さなかった。多くの人が望郷の思いの中で死んだ。こんなことは違法であろう。しかし日本政府は何も言えなかった。

日本の主要都市はアメリカの無差別攻撃で壊滅し、一般人が多く死んだ。その上原爆で悲惨な目に遭った。

しかしこれも何も言えなかった。敗戦国の悲劇であった。しかしこれらはすべて日本人が東洋諸国で行った悪行の業《カルマ》のむくいとして甘んじて受けさせられたのだ。そして日本の悪行を相殺したのである。

その後の日本の立ち直りは早く、アッという間に経済大国となっていったのがそれを証明している。

カルマが残る限り前進はできないからだ。

これを考えるとき、一人も犬死した人はないのである。苦しんだ多くの人たちは皆何かの役に立って下さったのである。二発の原爆の犠牲者の悲惨さは筆舌に尽くせないが、これが終戦のとどめになったことを思うと、これらの犠牲者の方々には日本のみならず、アメリカ、イギリスも深く感謝すべきである。そして原爆の条件をもってアメリカ一国が日本を支配した。これも幸いなことであった。

さらに最後のとどめとなられたのが昭和天皇である。

天皇が初めてマッカーサーを訪ねられた時、マッカーサーはやはり戦勝国としてのプライドを持って天皇に接しようとした。しかし、何の誇りもプライドも、そして卑屈さもない、まるで無の境地を感じさせる天皇に触れたのである。

「天皇は最高の紳士である」とその時の印象をマッカーサーは言っている。

決して迎えに出なかったマッカーサーが最後は丁寧に見送ったのである。

日本の防波堤

そのころアメリカ軍が進駐してくるというので、あちこちに「日本の防波堤となる女性を求む」の貼り紙が貼られ、何のことか解らずに職を求めて応募しようとする女性もいたが、その時、元遊郭の女郎であった人たちが立ち上がり、「それらは皆、私たちが引き受けますから」と防波堤になった。遊郭は終戦と同時に廃止されたのであるが……。極限の苦しみを知っている彼女たちは、例え自分たちを蔑んだ人たちといえども、その目にあわせられなかったのだ。

「収税人、遊女は先立って天国に入る」と言われたイエスの言葉を思い出させる彼女たちの行為であった。

神を求めて

海軍に行った弟が帰ってきて、これがまた大変だった。

陸・海軍に行った優秀な人たちが全部やり直しとなってすごい倍率になっていた。

そんな中、私は誰にも告げず神学校に行く準備をしていた。

私の出た幼稚園・日曜学校の先生は皆ランバス女学院出身だった。そのランバスが聖和と名を変えて西宮の岡田山に移転していた。規則書を取寄せると、神学部は戦争中になくなって保育部だけになっていた。そこに決めた。当初幼稚園の先生の学校といえば、東京女子大・奈良女子大に附属一年間の養成所があった。しかしランバスはアメリカのカリキュラムで三年であった。入学する人にはクリスチャンの家庭の子女が多かった。聖和女学院になってからは本科二年と研究科一年になっていた。

誰にも告げず兵庫の叔母をたよって受験の前日出発した。筆記試験が終わり、午後から面接だった。

院長室に入ると広瀬院長はニコニコと私を迎えて下さった。決して良い点がついていていないはずの内申書を見ながら言われた。

「あなたは優秀な学校を出ていますね。こんな学校の人がちょっとランクを下げるとグーンと上位になるのですよ……。それにあなたの嫌いな学課はこの学校には一つもありませんよ。頑張ってごらんなさい。トップにでもなれますよ」と。

生まれてはじめてこんな暖かい言葉を聞いた。

心をとり巻いていた靄が一陣の風に吹き払われるように消えていった。


合格の通知が来て、はじめて母に告げた。

案の定、母は豆鉄砲でもくらったようだった。

弟は第一志望校の神戸大を落ち、二次志望の大阪市大に受かっていたが、行きたくないと浪人を決め込んでいた。それが幸いした。

母は覚悟を決めて入学の手続きをしてくれた。

戦後の不安定な物資不足の時、母一人で弟二人を、しかも一人は医者にしなければならない。大変なことは解っていた。

しかし私の決心は堅かった。

聖和へ

戦後のゴタゴタで入学式は五月だった。

前日母と二人で西宮の寮に一泊した。その日は母の日で夕食後は応接室に赤と白のつるバラが美しく飾られ、ミッション独特の清楚ながらも華やかな雰囲気の中で母の日の礼拝が行われた。

母は賛美歌が好きでよく歌っていた。子供四人をミッションの幼稚園に入れたのも母であったし、クリスマスには子供全部つれて教会に行った。時代が良ければ私が聖和に入学したことは嬉しいことに違いなかった。

翌日の入学式。講堂に立った院長は聖書を開いて言われた。その第一声が「汝我を選びしに非ず、我汝を選びぬ」であった。後で母が言った。「あの言葉には参った。もう黙るしかないね」と。

母と二人で校門を出る時「もし卒業してここを出る時、今と同じ自分なら死のう」と思った。

大変な時に神を求めて入学した自分に対する責任の重さをしっかりと受け止めてい

た。

寮の食事は当然のことながら悪かった。米も砂糖も配給であまりに少なかった。

母は何よりもそれが心配で毎週食料を持って来てくれた。


私の命を賭けた求道の日がはじまった。

どこに神はいるのだろう。神とは何なのだろう……。

先生を見ても、院長を見ても、牧師を見てもわからない。

六月に、当時関西の三大牧師の一人といわれた釘宮先生が関西学院におられたが、引退されるので、最後の礼拝に行くようにと言われ出掛けた。聖和は南に神戸女学院、北に関西学院があった。

八十才を過ぎ、足元もおぼつかない先生は、最後の講壇に上られ、しっかりした御声で何度も何度もくり返された。

「信仰とは、神と恋愛することです。恋したことがありますか。恋をしたらいつもいつも朝から晩までその人のことを考えてるでしょう。どうして喜ばせようかと、ね。信仰とはその対象が神になることです」

先生の最後の説教のこの言葉が、神とは何かと問い続ける私の心にしっかりと残った。

しかし神があるかないかもわからないのに今恋することなどとてもできない。

そのうち一学期が終わり、夏休みに家に帰ると堰を切ったようにピアノを弾いた。寮にいる時も、消灯前の三十分、必ず階下の幼稚園のピアノを弾いて歌っていた。

「なぜ音楽学校へ行かなかったの？」と皆に言われた。

死に者狂いで神を求めていることは誰にも言わなかった。

二学期が始まった。

クラスに二十五才で入学された戦争未亡人がおられた。知的で美人で性格も素敵でひそかに憧れていた。そのKさんが寮に入られて嬉しかった。

寮は朝六時起床、掃除、畑作り、八時朝食、そして山の上の学校まで三、四十分かけて歩いて行く。

若いとはいえ大変だったが、つらいと一度も思わなかった。寮に帰れば母が送ってくれたお米を炊き、何より先に食料を補給した。

Kさんが来られ、寮の生活は楽しく、私の目はいつもいつも彼女を追っていた。そのうち彼女を不思議に思うようになった。

この人はちがう。どこかちがう……どうしてこんなに良心的なのだろう。それも自然のままで何と素敵な人だろう。……私の心は彼女でいっぱいだった。

そんなある日、それは十月の初めのこと、あることから私は彼女との会話の中ですごい衝撃を与えられたのだ。

彼女の心と、私の心の決定的な違い。私の中に欠片《かけら》もない彼女の心……この人は神から与えられた心を持っている！と思った。その瞬間、私の心、そして全身に聖霊の火が注がれ、全身隅なく細胞の一つ一つが燃え尽きたのである。

神は愛、それしかない。生命を捨てて私を愛した神……全身に注がれる神の愛の霊、手の先、足の先までカーッと熱くなり、それと同時に今までの自分が恥ずかしくて、気がつくとその場から逃れるように走っていた。

この十九年間の自分を……神の前には何一つ良いことができていなかった自分をどうすればいいのか考えながら。その時胸の奥から歌が湧き上ってきた。

「我は誇らん　ただ十字架を……」

この歌は知らなかった。しかし賛美歌に違いない。部屋に戻ると必死で賛美歌を繰った。昔の賛美歌の五〇七番だった。

イエスよ　この身を　行かせ給え

愛のこぼるる　十字架さして
我は誇らん　ただ十字架を
天つ憩に　入る時まで

神の霊によって今新生した私。……やっと心の故郷に帰った。ここが本当の心のありかだった。深い深い安らぎの中に心は沈んでいった。

この時の体験はその後の私が生涯変ることなく神と共に生きる原動力となった。燃え尽きた細胞は一つも残っていなかった。この世の未練は跡形もなく消えていた。

入学して半年、求めて半年でここに到着した。


釘宮先生の言葉は真実となって、迫った。

神様、イエス様以外のことは、もはや心に入る場所はなかった。

その日の夕方階下でピアノを弾いていると、Kさんが大きな荷物を持ってお部屋の上級生と玄関の方へ歩いて行かれる。何か胸騒ぎがした。

その日はKさんが退学されて退寮される日だったのである。

ショックだった。

Kさんを見ていこうとしていた私に、神は最初に厳しい試練を与え「ただ神のみを見よ」と教えたのだ。

何も知らずに去っていかれたKさんに、ありがとうと心から感謝した。

神の愛に新生して

初めて知った神の愛。

こんな私を生命をかけて愛していた神、感謝が溢れた。

寮に入ってからただ一人敬遠している人がいた。上級生で、部屋に仏像の絵をあちこちに貼って、いつも冷たい顔をしていた。

「何のためにこの学校へ来たの、変な人」と思っていた。

私は静かにその人の部屋を訪ね、心からの親しみと愛を込めて話しかけた。

相手は驚いた。

部屋に入っていろいろと話した。「何か歌って」と言われシューベルトの「冬の旅」

の中の「春の夢」を歌うと、こんなレベルの高い歌をはじめて聞いた、と喜ばれた。彼女は絵が上手で、芸術的には良いセンスを持つ人だった。

そして私は彼女の口から驚くべきことを打ち明けられた。

「私は神を必死に求めてきたの。小さい時、仏教の幼稚園に行ったため、どうしてもそちらに引かれるけれど、まだ何も得られないの。私は何も得ず卒業するのかと思うととても淋しいのよ」と言われたのである。

いつもいつも反抗的でみんなになじめない人と敬遠されている彼女の思いがけない一面を打ち明けられて私は驚いた。

何と可哀相な人だろう。私は半年で神と出逢い、彼女は後半年で何も得られず卒業する。そんなことあってはならないことだと思った。

私は決心した。後半年を彼女が神を知るために捧げようと。そのためにすべてを犠牲にする覚悟で……。

その日から毎晩夜中の二時になると目が覚めた。

床の上に座って祈りはじめると涙が出て涙が出て仕方なかった。この足りない私が後半年でどうして彼女に神を解らせることができるだろう。どうか神様助けて下さい。彼女に神の愛を知らせて下さい……。ひとしきり祈ると眠りについた。

そんな日が毎日続いたある日、また夜中に祈っていると、自分の足りなさに涙が溢れて、悲しくて悲しくてやり切れなかった。祈り終えてフト目を上げたそこにイエス様のお顔が私にほほえみかけておられるのである。それは何とも表現し難いまでに深い優しい目であった。

私は確信した。この願いは必ず叶えられる……と。

三学期、私は希望して彼女と同じ部屋になった。

しかしこれは思いがけないほど烈しい、まさに戦いであった。

彼女は求めても得られないなどと言いながら、求めるどころか強烈に反抗してきた。それはサタンかと思うほどだった。頭のいい人だけにすさまじかった。

私はイエス様の絵を部屋の高い所に貼った。何かあるとそれを見た。

どれほど愛しても愛しても彼女は反抗した。私にではなくイエス様にである。熾烈な戦いの中、私は身体をこわし、三学期のテストを休んでしまった。

教務主任に呼ばれ、「ピアノ、人形作り、夏休みの宿題（童話を作って絵本にしていた）を総合すると、成績は大変良いので、残念だから追試をしてあげましょう」と言われた。

私はその好意を断った。彼女のためにすべてを犠牲にする覚悟で来たのだ。自分のことはよいと思った。頭の中は彼女のことでいっぱいだった。もう残りわずかだ。何もなく別れたら、私は自分の一生の中の五カ月、空白の時を持つことになる。堪えられなかった。

卒業の日は近づいていた。心の中のあふれる思いを押し込めて、何とか何とか残りわずかの間に、神様何とか何とかと必死の思いだった。

卒業式が終わり、翌日の謝恩会に彼女は私の着物を貸してと言われた。物のない時に私は縮緬《ちりめん》の着物を二枚持ってきていた。喜んで着せてあげた。

彼女が私の着物を着てくれたことで心が和んでいた。

そして最後の夜が来た。明日はお別れだ。

彼女は床に就いた。私も床に入った。眠れるはずはなかった。するだけはした。これ以上できないまでした。その思いで心を静めようとした。

夜は更け時は過ぎていく。夜が明ければ別れが待つのみ。

夜中の二時ごろ、突然彼女は起き上がった。布団の上に座って、そして烈しく泣き出した。

「藤井さん、許して下さる？」

それはしぼり出すような声だった。

彼女はさらに烈しく泣き出した。

「あなたが許して下さるなら、お父さんが、お母さんが、死んでもいい……」

烈しくむせび泣きながら彼女は言った。最高の謝辞であった。

「あなたが私に与えた愛は神の愛であった。私にはそれが解る。私はこの愛で今後の人生を生きていける。ありがとう……」


それは劇的な瞬間だった。

真実を求め妥協できない彼女の、生命がけの反抗だった。イエスの愛はそれを超えた。

彼女はその後キリスト教会の幼稚園主任として一生を過ごされた。

二年生

二年生になると幼稚園の実習が始まったが、食料不足の中でハードスケジュールは体力的に限界だった。

とにかく、幼稚園教師になるために必要なものは得たと自信はついていた。聖和は欧米のカリキュラムで完全な個性教育であり、一人の幼児を見る目は宇宙を見る目と同じくらい大切だという非常に深い教育であった。

宇宙の心臓が愛の鼓動で狂いなく動くように完全な愛なくして教育はできなかった。

私が聖和で得たものは大きく、軍国主義で育った十八年を償って余りあるものであった。

授業も高度となり、幼児音楽の時間は二時間で童謡の作詞作曲をさせられた。でも私はこんな授業が大好きだった。

先生は私の作った童謡を歌ってみて「よくできているがクライマックスのところをもう少し高音に」とアドバイスして下さった。

このころ、戦争中疎開していたロダンの彫刻がヨーロッパに帰る途中、日本の天王寺美術館に来るとのことで、友達と一緒に出掛けた。

ロダンは十六才の時、倉敷の大原美術館で「カレーの市民」を見ていた。家の与謝野晶子全集の中に晶子がロダンを訪ねた時のことが感動的に書いてあった。

美術館の大きな部屋に並べられたのを一つ一つ見ながら最後に大理石の婦人像の後ろ

に来た時、私の目はそこに釘付けになってしまった。その感動を表現するのはむずかしい。婦人像の背中は生きて呼吸していたのである。

後で友達が言った。「あの時のあなたからは周囲のすべてが消えていたね」と。

ベートーヴェンの音楽も本当はここまでの感動があるはずであろう。直接に接しられたからこそ得られたこの感動を冥利に尽きる思いで味わった。

卒業・就職

卒業の日が近づいていた。

私は魂の故郷であるこの学校に感謝し、自分の願いが叶えられた満足感を持って卒業できることが何よりも嬉しかった。

しかし卒業しても家に帰る気はなかった。

母の側にいては大変だと思った。

有吉佐和子の小説に『紀の川』というのがあるが、母はまさに紀の川であった。すべてを飲み込んで流れるのである。

しかし戦後大阪での自活は大変な覚悟がいることであった。次々と就職が決まる中、私は決心がつかなかった。

キリスト教系の幼稚園以外には行く気がなかった。伝統のあるところ、聖和独特の教育ができないところも駄目だ。あれこれ迷っている時、阪急沿線園田に新設の幼稚園ができるから聖和の卒業生四人で行くこととなり、あっさりと決まった。

私は聖和に入学してからピアノをはじめたが、バイエルを三カ月で仕上げ、一年生の時ソナチネを五曲弾いてソナタにも手をつけていた。それに刺激されて弟もピアノを弾きはじめ、姉の紹介で声楽の先生に付いて、私の卒業と入れ替わりに国立音大の声楽科に入学した。

卒業式の日は弟の入学式と重なり、母は弟の入学式に出た帰りに寮に来てくれた。

私を園田の園和幼稚園に就職させて下さったのは栄養学の谷先生で、先生は園田に住んでおられたため、市会議員から幼稚園のことを任されておられた。

母は谷先生に挨拶に行ってくれた。

当時、庄司光氏が大阪の生活科学研究所におられ、谷先生は庄司氏の弟子であった。庄司氏は昭和二十年当時の空気の悪い地下鉄に換気扇をつけたり、その後の高度成長に伴う公害問題に第一線で活躍された方である。

園和幼稚園

初めてのクラスは聖和の主旨に従って一クラス二十五人。完全な個性教育、自由教育だった。

一人一人を観察し注意深く導いた。

クラスに一人、十四年目に生まれた一人息子のK君がいた。可愛い子だったが、飽きっぽいというか、根気がないというか、気に入らないことに対して辛抱がなかった。

他の子は皆自分の興味に向かって取り組んで楽しそうに熱中し、人のことは気にもしないし邪魔もしなかった。

K君だけはフッと自分勝手な行動をはじめ、何もしないで人の邪魔をしたり外へ出たり……そんな時は何を言っても無駄だった。

ある日お母さんが来られ「主人が『お前の育て方が悪い』と怒るんです」と泣いて言われた。

「大切なお子さんなので私にも遠慮がありました。しかしお任せ下さるなら何とかしましょう」と約束した。

その翌日、勝手なことをするK君を残し、職員室につれて来た。彼は例の如く暴れ、ついに床にひっくり返ってしまった。何を言ってもワアワア泣いて抵抗するばかり。他の先生は仕事を済ませると帰っていかれ、二人だけになった私は、時々私の顔を窺いながらダダをこねている彼をジーッと見ていた。どうしたら良いのか、と考えながら。

と、突然私の口からすごい声が出た。

「立ちなさい！」

私は驚いたが、それ以上に彼は驚いた。

泣くのを止め、キョトンと私を見て、そして、そっと立ち上がったのである。

キョトンとした不思議そうなつぶらな目で私を見ながら、「鞄を持って……靴を履いて……」という私の命令に素直に従って帰っていったのだ。

翌日お母さんを呼んで言った。

「お母さんはK君を叱ったことがありますか」

「ありますとも。いつもいつも叱っています」

「でもそれは上辺だけの叱り方でしょう。本気で必ず言うことを聞かせると思って叱られたことはないでしょう」

「そう言われればそうですね」

私は昨日の出来事を話した。お母さんは目から鱗の落ちる思いだったと思うが、それ以降K君はすっかり変わっていった。

家ではおもちゃの与え過ぎも止められ、人の心の解る子に育っていったのである。

クラスには住宅街の子が六人いた。皆良い子で活発で目立っていた。三学期の終わり、風邪が流行し、その子らが休んでしまった。クラスは活気がなくなり、大人しい子ばかりでちょっと物足りなかった。十七人の子を半円型に椅子を並べ、お話を聞かせていた。一生懸命話していた私はハッとした。十七人の目が皆生き生きと輝いて私を見つめているのだ。その輝きに驚いた。

何と嬉しそうな、そして愛に満ちた目。

皆私を求め、そして愛してくれていた……。

私は神がなされたこのイキな計らいに感謝した。

あの子たちが休まなければこの子たちの心を知らずに終わったであろう。

卒園式が近づいて来た。

「小学校に行く日が近付いて嬉しいね」と言うと、誰も返事しない。フッと目を外すのだ。

どの子も別れを惜しんでくれているのだ。私は胸が熱くなった。

卒園生代表で別れの言葉を私のクラスのT君が言うことになった。

予行練習では決して言おうとしなかったT君の当日の心を込めた別れの言葉は、あまりに素晴らしく、私は泣けて泣けて仕方なかった。

こうして新米教師の一年目は何とか無事に終わった。


一年が無事に終わりホッとしている時、突然尼崎市が園和幼稚園を市立にするというので、私は驚いた。

市立になれば宗教教育はできなくなる。

私は辞める決心をした。

戦後、貨幣価値がどんどん変り、十倍、二十倍にとなっていった。給料は今まで六千円、新学期から一万円に上る。しかし市立になれば二万円になり、倍である。でもそれは問題でなかった。しかしこの話を聞いた母は飛んできた。

「こんな良い話はない。一生止めないでここに勤めなさい」と言った。今でも公務員になりたい人が多いのに、まるで降って湧いたようなチャンス。しかし私は「イエス様の話を子供に聞かせるために幼稚園の先生になったの……神様のない教育なんて考えられないの」と言った。母は黙って何も言わなかった。子供をミッションの幼稚園に入れたのは自分だったから。

大阪の阿倍野教会に保育所を作ることになり、そこの主任として行くことになった。また創立であるが、私にはそれが気に入った。給料は八千円と決まった。

せっかく私を園和に引き抜いて下さった谷先生には申し訳なかったが、理由を話すと解って下さった。

谷先生はその後、駆け出しの画家、津高和一氏と結婚されたが、津高氏はその後有名な画伯となられ、その作品は東京近代美術館、ニューヨーク近代美術館、メキシコ現代美術館、大英博物館などに所蔵されている。そして阪神大震災で西宮の自宅で二人ご一緒に天に召されたのである。八十六才だった。

大阪へ

新しい勤め先への挨拶のため初めて大阪に出た。

梅田周辺は戦争孤児でいっぱいだった。闇市が並んでいた。改札を出ると一人の男の子が「お姉さん、靴磨かせてくれない？」と寄ってきた。孤児だった。十才ぐらいのかしこそうだが大人しい子だった。

「私お金あまり持ってないの」と言うと「そう」とあきらめた。

そこに五、六才ぐらいの男の子が四、五人駈けてきた。手に手に布切れを持っていた。私の足元に来て靴をチョッチョッとさわって手を出してお金をせびった。どの子もニコニコしていた。

「このお姉さんお金持っとらんのよ」と先の子が言ったが、幼児たちは聞き分けがなく、幼い集団はたくましかった。私は仕方なく少しずつお金を握らせ、最初の子にもいくらか渡そうとしたが、その子は受け取らず、私の後をついて階段の下まで来て、見えなくなるまで私を見上げていた。

五十三年経った今もその子の顔を忘れることができない。

「きっと優しい家族の中で育ったのだろうなあ。孤児になってどんな大人になっていったのかな……」とちょっと切ない思い出である。

阿倍野周辺は戦禍を免れていた。進駐軍がたくさんいた。黒人も多かった。時々混血児を抱いている女性を見かけた。

本当に愛し合ってできた子もいた。しかし朝鮮動乱勃発で皆朝鮮に送られ、ほとんどが戦死した。

さて創立保育園は一からの出発で、主任として責任が重かったし、日曜日は日曜学校の教師として、礼拝には青年部のお世話にと休日がなかったが、神様の家に帰った私は満足していた。

夜にも家庭訪問をしたり、日曜日には楽しみで礼拝が始まるまで玄関で今日は誰が来られるか待っていた。

このころは幼稚園と保育園があまりはっきりと区別がなく、私は幼稚園のやり方でやっていたが、文部省管轄の幼稚園と厚生省管轄の保育所とははっきりと区別され、保育所は働く母親の子供を預かることとなり、保育時間も八時間で、必要があれば朝も早く、夏、冬、春の休みもなくなった。その上、保育所保母の免状が必要となり、大阪の認定試験を受けて取った。

八時間保育となると、二、三時間の保育と違って方法を考えなければ持たないと思い、自由遊び、リズム、音楽、これらのすべてをもっとスケールを大きくしようと思ったがそれがうまく行って、三時間保育ではできないまでに子供たちは伸びた。午後にはお昼寝も取り入れた。

外でしばらく遊ばせて中に入れる時、私は「お嬢さん、お坊ちゃんおはいりですよ」と呼んでいた。ここは商店街であった。

「あの保育園行ったら皆お嬢さんお坊ちゃんですわ」と近所の人が言っていた。

学芸会では音楽好きな私は子供のミュージカルを作った。

「白雪姫」

昔、昔、ある国に　広いお城がありました

お城にきれいなお姫様　白雪姫といいました

姫に二度目のお母様　器量自慢でありました

……この歌で幕が開く……

……大きな鏡と継母……

捨てられる白雪姫　森の中と　小人たち

（小人の歌は「森の木陰でドンチャラホイ……」の既成の曲を使った）

毒リンゴの魔法使い　眠ってしまった姫

遠い国からはるばると　姫を捜して　旅をする
私は異国の王子です　私の姫はどこにいる
……この歌を歌って王子の出現……
生き返った白雪姫　ゴールイン　　終

オーケストラもした。

シューベルトの「軍隊行進曲」。ピアノに合わせてタンバリン、トライアングル、ベル、カスタネットを使い分け、最後は大太鼓をはげしく叩いて本格的に仕上げた。子供たちは真剣で、お母さんが「夜中に寝言で歌うんです」と言われた。

結婚

二年目ともなると婦人部の方や生徒の父兄から次々と縁談があったが、私にはたった一つの条件があった。

クリスチャンであることと、できればクリスチャンホームであること。

神様とイエス様のことばかり考えている私が、普通の家の嫁になれるはずはないのである。

そのころ、家からも帰って見合いをするようにとしきりに言ってきた。

姉が嫁いだ家は土地の旧家で医者であった。義妹が戦前は貴族院議員だった造り酒屋に嫁いでいた。その近所に、義兄の友達で精神科の博士で、自宅と病院があり、両親とも亡くなって、生まれた時からお世話しているお手伝いの婆やがいるという、誰が見てもこれ以上の良縁はないという話であった。

しかしクリスチャンではなかった。

さて、私の勤めている教会に昔いた人で、今は大きな教会に移られたが、一家は祖母の代からクリスチャンという方がおられ、そこの息子が京大を出て新聞記者となっていて、私の知らない間にお母さんが私を見て気に入っておられるとのことだった。

大谷という方であった。

私は十九の時、姫路の近所の大谷さん、それも京大出の方から求婚され、その時は

「音楽は全然わからん」ということで駄目だった。

次にも教会の青年部の大谷さん、これも駄目で、今度が三度目の大谷さんであった。お父さんが中学時代に亡くなって、責任の重い長男であった。

写真を見ると、何とも言えない不思議なその雰囲気が私を引きつけた。（後で聞くと学徒出陣の前日、悩んで一晩中志賀直哉の『暗夜行路』を読んだ翌日、入隊の前に撮したものであった）

私は主人の母の嘘の一言でこの人と決めてしまった。

当時は仲人口といって都合の悪いことは上手にごまかすのは常識とされていたが、相手がクリスチャンということもあり、私は信じてしまった。そして最高の人格者と思ってしまったのだ。数少ないクリスチャンホームの得難い縁だと思い込んだ。

主人はまだ駆け出しで松江支局にいたため、逢うこともままならず、その上私は男性と付き合った経験が全くなかった。自分で判断する力はなかったのだ。

休みになると出掛け、逢えば逢うほど不信感が募ったが、お母さんはその度に弁解され、「悪いところを先に見せておこうと思ってるんです。そういう子なんです」と言われた。

家からはしきりに帰るよう催促されたが、クリスチャンでないのできっぱりと諦めた。

運命に流されるように結婚式を挙げた。仲人は大阪高校（現・阪大）時代の恩師だった。頭の良い主人は教師の受けは大変よかった。先生は新聞社の試験がトップだったこと、○新聞社に大谷ありという日が必ず来るとまで言われた。

主人は京大を出た後しばらく組合活動をしていて、二十九才で新聞社を受けたのだ。

松江での新婚生活

戦後の家のない時代、三畳一間からの出発であった。

結婚後主人の態度がガラリと変わった。私は驚いた、というより「この人一体何者」と思った。

後で知ったが、主人は知る人ぞ知る暴君だったのだ。小さい時から頭が良く、一番ばかりで誰も頭を押さえる者がなく、どんどんエスカレートして、父親亡き後、お母さんはオロオロするばかりだったのだ。言葉の一つ一つが命令口調で、それがまるで小学校の餓鬼大将のようで、全く人格が感じられないのだ。姑は母が徳島にいて遠くて気の毒だから結婚式まで来なくても良いと言っておられ、私はそれを善意に取っていたが、実は何度見合いをしても親がついて来るとあまりに口が悪くて必ずこわれていた。それで結婚式前には親に会わせたくなかったのだ。

私は奈落の底につき落とされた。

静かに考えた。神を信じてここまで来たのだ。すべて神に任せよう。

そしてこの大変な人と結婚したのが私で良かったと思った。他の人ならあまり可哀相だ。私で良かった。私は決して負けないと決心した。

翌日から、主人が何か命令する度に「嫌い、嫌い」を連発した。

三日目になるとさすがに主人も困った。

「何で嫌い嫌い言うのや」

「嫌いだからしょうがないでしょう」

すると主人は言った。

「お前俺に惚れて来たんと違うのか」

「とんでもない。私はあなたが……だと聞いたから決めたのよ」（すると主人は驚いた）

「それ誰に聞いた」

「お義母さんよ」

その途端、主人は下を向いてしょんぼりとして吐き出すように言った。

「おふくろ地獄行きじゃ……」と。

私は家の方に良い縁談があることを主人に話していた。

「それ、どこの誰か」と聞くので、「〇〇の〇〇」と告げていたが、そこは新聞記者、すぐその支局に調べさせていた。

その家はお城のような家だった。

私がそれを断って来たのはそれほど自分に惚れてるのだと思い込んでいたのだ。

今それが思い違いであったと知ったのだ。


しかしさすがに頭の良い彼のその後の変身ぶりは凄かった。

一切の自我を私にだけは引っ込めたのである。

それ以外に私と暮らせる道がないことを悟ったのだ。


主人は大切な結婚を嘘で決めるほど馬鹿でも残酷でもなかった。

主人は言った。「女の人でも怒るんか……俺、おふくろの怒ったの一度も見たことない。何を言っても悲しそうな顔してるだけやった」と。

私はここにも母親の間違った扱いで理性のコントロールを失った一人の犠牲者を見る

思いだった。

主人は自分の性格を本能的に知っていた。そのためどこか不安定で、この年になっても夜驚症で夜中に目が覚めた。

軍国時代の教育しか受けていない主人を私は聖和の教育でつくり変えねばと言ったが、案の定主人は私の言う一つ一つに好奇の目で「お前そんな思想どこで仕入れたんや」と聞いてきた。

京大にも西田幾太郎や田辺元、和辻哲郎がいたはずであるが、戦争中のことで、それに経済専攻の彼はあまり縁がなかったのだろう。

主人は双子座の生まれである。双子座は両極端の二面性を持っている。幸い私と結婚した後、主人は良い性格が表れてきたようだった。

最初に身ごもった子供を家の事情で堕ろしたが、その後次々と身体を悪くした。

帰阪

主人は半年後に大阪本社の編集部に転勤となったが、私は膝に水が溜り、結核性の関節炎と診断された。しばらく様子を見ようと言われ、注射などしていたが、母に告げると義兄をつれて飛んで来た。

義兄は歩いている私を見て「何しとる、跛になるぞ」と激しい口調で言った。私は驚いた。

京大医学部を出た義兄は先生に挨拶し、すぐにギブスを巻くように言った。骨の結核は三カ月のギブスで完治するのは常識だった。

ギブスをはめるのを見届け、母と義兄は帰った。

富田林へ

ギブスが取れ、松葉杖で歩けるようになって、姑と義弟との同居を止めて富田林の市営住宅が当って引越した。母が来てくれた。近くに教会ができていて、少し坂の上の教会に松葉杖をついて出掛けた。一カ月後には松葉杖もいらなくなった。身体が回復すると朝六時に早天祈祷に行き、主人を送り出すと市内を伝道して歩いた。

牧師夫人になりたかったが、戦争中の牧師の貧しさを見ていたため、その勇気がなく、クリスチャンを選んだ私は、教会のことを第一に考え、尽くせるだけ尽くす、それをモットーとしていた。

そんなある日、聖書を通して神の言葉が来た。

「あなたは神の物を盗んでいる」

え！　何を盗んでるんですか。私はもうこれ以上できないほどしていると思っているのですけど……。

神の言葉が来た。

「十分の一と捧げ物を持って私の所へ来なさい。そして私が天の窓を開いて溢れる恵を与えるか否か試しなさい」

聖書には神を試してはいけないと書いてある。しかしここだけは試せと書いてあった。当時の給料は一万七千円。主人は人よりも五年も遅れて入社したため、給料はとても安い。その上長男で、母の扶養をし、下の弟が高校生、この中から十分の一の献金はとても考えられないことだった。

しかし神の命令である。「地球はタダではない」。神はそれを示しておられる。

太陽、空気、自然のすべての恵み、これが地球代として収入の十分の一に当るのだ。

聖書には十分の一が最高の捧げ物とされ、それ以上は必要ないが、それ以下では他にどれほど尽くしても神の充分な恵みと祝福を与えられる条件に欠けることを示していた。

神の計り知れない愛を感じ、私は昼食を抜いても十分の一を捧げる決心をした。教会の開拓時代で信者も少なかった。

しばらくして妊娠した。医者は今産むと母体にさわると堕胎を勧められた。考えれば仕方ないかと堕ろすことに決め、翌日病院に行くことになった。

その晩、不思議な夢を見た。

耳の大きな、目のくりくりした緋色の鼠が出てきて私を見つめた。

「あー可愛い」と思ったら逃げ出した。天井の穴の前でも一度振り返った。

ア……ア……つかまえねば……と思うとサッと穴に入ってしまった……その途端目が覚めた。

真紅の燃えるような緋鼠だった。

聖和の児童文学で『竹取物語』を原文で習っていた。

かぐや姫が、自分を嫁に欲しいという殿方に数々の難題を出すが、緋鼠の皮衣もその一つであった。

神が見せたこの夢……。

「お腹の子は女の子にちがいない……それも得難い子に違いない」

私はそう信じた。そして堕ろさなかった。

大阪市内へ

主人は新聞社の編集にいた。新聞は遠い所から順番に一版から十三版まで次々と新しいニュースを加えて発行されるが、富田林には十二版しか来ない。出勤してから十三版を読むことになる。これでは編集記者としては困る。何とか市内に家が欲しい。

この主人の願いを叶えるべく神に祈った。

「大阪市内に家を与えて下さい。私はそこで必ず日曜学校をします」と。

それから数日後に、近所の人が家が抽選で当ったが、気に入らないから誰かに譲ると言っておられると聞いて、大急ぎで頼みに行って譲ってもらった。

それは大阪市住吉区の市営住宅で、庭付きのテラスハウスだった。三軒のまん中が気に入らないということだったが、私も主人も喜んだ。二十八才の春、引っ越した。お腹には七カ月の長女がいた。

左隣の奥さんは双子を産んだ後の肥立ちが悪く、バルナバ病院に入院しておられた。右隣は女性の一人暮らしでお勤めだった。

神様に誓った通り日曜学校を開いた。

パンフレットを配ると、近所からも少し遠い所からも小学生が十人ほど集った。家には明治二十年にアメリカから輸入したオルガンがあった。それで賛美歌を教え、イエス様のお話をした。

そのうちにオルガンを教えて欲しい、という子供が五人来た。収入もできて嬉しかった。その時は生き返ったようだった。

近くに聖和系の幼稚園があり、後輩が四人でやっていた。

お母さんのために何か歌を教えて、と指導をたのまれた。引き受けてちょっと勉強して、歌はザ・ピーナッツの「可愛い花に」に決めた。

会は成功で七十人ほどのお母さんは皆喜んで下さった。そこからまた日曜学校の生徒ができた。

長女・直子

七月二十五日、大阪市民病院で無事長女・直子を出産した。

六日目になると「元気過ぎて足で蹴ってベッドから落ちそうやから早く退院して」と退院させせられた。

それからが大変だった。一日十グラムずつ大きくなって重いこと漬物石のようだった。お隣の双子が五百匁と八百匁で生まれ一年経っても小さかったのに比べ、身体が弱く一人しか生めないと充分栄養を取って生んだため、直子は成長が早く、何とも具合が悪かった。

直子がヨチヨチ歩くころ、団地には先に生まれた三才ぐらいの子が四、五人いた。まだ聞き分けのない年頃で、悪戯をしては面白がった。直子はただジーッと見つめるだけで泣きもしなかった。不思議なくらい大人だった。

「二人やから何もしてやられへん」。口ぐせのように言うお隣の奥さんに私は我慢して直子に何もしてやれなかった。ことごとく負けてきた。

ある時ついに決心した。

「日曜学校を止めよう」と。日曜学校をしている限り十字架の犠牲は私だけでなく子供にもついて来る。私はどうでも良い、しかし大事な幼児期の直子を犠牲にはできなかった。教会には十分の一を捧げ、できるだけのことをしていた。直子が一才五カ月のクリスマスを済ませて、日曜学校を止めた。

癒しの体験

その翌年二月直子を抱いて天神祭に行った。翌日顔を洗おうと水道の水を手に受けた途端、氷の刃で腕を付け根から切り取られたような衝撃を受けて、それっきり左手が萎えてしまったのである。

物を持っても落してしまう。上にあげられない、絶えずだるくてだるくてたまらない。あちこちの病院に行った。阪大にも行った。針、灸、いろいろ走った。

白浜に新聞社の保養所があり、温泉があったのでしばらく行ってみた。できることはすべてした私はついに駄目と悟った。静かに聖書を手にして祈った。

「神様、この手はあなたにお任せいたします」

祈り終えて聖書を開いた。

その時開いたページのある個所だけが字が大きくなって私の目に入ったのだ。

「あなたがもし神に誓ったことがあるならば、娘ならば父親が、妻ならば夫が、その日のうちにこれを止めなければ果す義務がある」

驚いた。富田林で誓ったこと「大阪に家が与えられたら必ず日曜学校をします」。

私は急いで納戸に走り、自転車を取り出した。片手でハンドルを握り、生徒の家に走った。それは水曜日だった。

次の日曜日、七人が集った。そしてその日、手は完全に治ったのである。


これは私が神に癒された初めての体験である。

勝利

病気には原因がある。原因を除けば治る、私は確信した。

双子が遊びに来るとお菓子をあげて最後に直子に与えると直子が言った。

「隣のおばちゃんは直子に最後にくれるよ」と。私は驚いた。電気冷蔵庫を買うと隣も買ったが少し背の高いのだった。直子が言った。「おばちゃんね、直子ちゃんのとどっちが大きい、この方が大きいのよ」と幾度も言ったと。

三輪車で皆で遊んでいても「直子ちゃんは後ろ、直子ちゃんは後ろ」と大きな声で隣の子の言うのが聞こえて来る。

奥さんは「小さい時負け犬にすると一生負け犬になるというから」と勝たせることばかり考えていた。

神から言葉が来た。

「あなたに男の子を与えよう。六月十四日と十五日を忘れるな。これは私があなたに勝利を与える日である」

私は体が弱く子供は一人と決めて注意して直子を生んだ。幸い丈夫に生まれた。私は一瞬神の言葉を解きかねた。十二月の初めに思いがけない出血に病院に行くと「流産しかかっていますがもう四カ月ですから注意して寝ていて下さい」と言われ驚いた。男の子だ！

六月十三日、母に来てもらって入院した。そして十四日に長男が生れた。

そしてそれからは隣の奥さんを見ることがなくなった。奥さんは双子を生んだ時、弛緩出血されて子供の産めない身体になられていた。「一人男の子を産んだら何でも買ってやると主人が言うの」と言っておられたのを思い出した。

神は唯一完全な方法で勝利を与えたのである。

そしてこの時から毎日のように神の言葉が来た。

「去れよ、去れよ、そこを出て、穢れたものに触るな、主の器を担う者よ己を聖く保て」

さらに「あなたを先祖の地に導く」と示されたのである。

生駒　先祖の地へ

私もうここを去りたかった。人につらい思いをさせてまではいたくなかった。しかしどこに行くのか見当もつかないまま、私は二つ三つ選んでみた。茨木、三田……土地の安い所でないと買えない。あちこちから土地の案内が団地族目当てに送られていた。そんなある日の朝「今日どこかから土地の案内が来たらそこに行こう」と、何故か強く思った。その時、玄関でガサガサと郵便受けに何か物を入れる音がした。急いで行って取り出すと、土地の案内だった。「生駒すみれが丘」とあった。え、生駒……なぜ？……と一瞬ためらった。

聖書を開くと「人は籤を引く。しかし事を定めるのは主である」と示されたので、籤を三つ作った。

「神様、三回とも生駒なら生駒に行きます」

一つ引いた「生駒」。そんな所、親戚も友達もなかった。また引き直した。「生駒」。私はあせった。よくよく折りたたんでよくまぜて一番ふくれているのを引いた。

「生駒」

私は籤を投げ出し、急いで支度をした。

五才の直子の手を引き半年の満也を抱っこ補助紐で抱いて生駒へ向った。すみれが丘（後に松美台と改名）へ行ってみたが、残り一つという一番悪い物件だった。近くに聖書学院があるので、そこへ行って事情を話し、近所の土地持ちの方を紹介していただいた。

阪奈道路に沿って八メートルほどコンクリートの側壁があり、その上百七十坪の所が気に入った。阪奈料金所に近く、その横に駐在所があった。道路の騒音は上までは響かなかった。神の言葉が来た。「私は隠した宝物を与え、名を呼んだ主である」

主人を連れてくると驚いた。しかし反対側の丘は近鉄が住宅を建てるべく開発していた。

それを見た主人は、これは将来開けると読んだ。

これで決まった。まだまだ生駒の土地は安かった。聖書学院は二千坪もあって、その中の牧師館が一軒空くことになっていて、それを借りることになった。

「主人も姑も一緒ですか」と神に問うと「私と子供だけで」と示され、「創世記」十二章アブラハムの召命の言葉を示されたのである。

一日も健康な日がなかった私のこと、一人で行かせて音をあげるのを待って行こうと主人と姑は思っていた。

小型トラックを呼んで私の荷物とオルガンを積み、子供をつれて私もトラックの上の人となった。

発車した途端、私から憑き物が落ちた気がした。長い間苦しめていたものがどこかへ行って晴れ晴れとしたこの想い、幾年ぶりか、心の底からの開放感、瞬時にして身体が元に戻った、と思った。

お腹には三人目の子供が四カ月だった。

牧師館に収まった私は、四十ぐらいに下っていた血圧が通常になり、すっかり元の自分になっていた。

子供二人抱え妊娠四カ月の身体が少しも疲れを知らず、毎日が楽しかった。

一向に音をあげない私に、主人の方からやって来た。姑は大阪に一人暮らしとなった。

十月三日、次男・幸生が生れた。その翌年十一月、次女・小百合が生れ、神の示しの通り家族が殖えた。一人だけと思っていた私には思いもよらないことであった。

小百合が生れる前から聖書学院を早く出るようにとの神の示しがあった。

堅固な家を

家を建てる……主人に相談した。

「神は堅固な家と言われるの」と言うと主人は考えた。

積水ハウスが軽量鉄骨の家を造って生駒に建てていた。それに決めた。

主人は新聞記者として市役所によく出入りしていた。T土地と言う生駒で一番古くて大きい土地業者がいた。主人を見つけて「大谷さん、えらい所買わはったな。あんな所水出まへんで。私は生駒の土地は皆知っとる。大体生駒の土地買うのにT土地へ来んとは何事や。井戸は三十メートルは覚悟しなはれや」と言った。

飛んで帰って来た主人に怒鳴りつけられた。

「お前えらい所買うたな。あそこは水が出んそうや。T土地が言うのやから間違いない」

私は神に祈った。

「水の湧き出る泉あり」

主人は井戸屋を連れてきた。敷地をぐるりと廻って井戸屋が言った。

「ここ掘ったら出まっせ。笹が茂ってますやろ。掘ってみますわ」

翌日掘ったところ二メートルで吹き上がった。

やれやれと思ったところでまた難題。

二メートル以上の市道に面していないと建築許可が下りない。

また主人が怒鳴ってきた。神に祈った。

「私があなたに与えた土地は完全です」

主人は渋々ながら市役所に相談した。

「大谷さん、県は阪奈道路沿いに家建てる許可を出してませんが、国は何とも言うてませんのやから、新聞社から国に問い合わせてみたらどうですか」と言われた。

阪奈道路は国道である。建設省に問い合わせた。

一カ月して返事が来た。

「阪奈道路沿いに家を建ててよろしい」

主人はこの特ダネに大喜びだった。

こうして無事に家が建ち、小百合の出産と同時に移ってきた。

広々とした土地と家、裏側の窓を開けると阪奈の料金所と駐在所が見え、一晩中係員がいたから用心も良く、一軒家でも恐怖はなかった。

主人はこの家が気に入って、朝三時に仕事が終わって帰る時は、鶴橋でいっぱいの食料を買ってきてくれた。

広い土地は半分を畑にし、半分は芝生にしてあちこちに果実を植えた。

リンゴを中央に、ハタン桃、木苺、桜桃、ゆすら梅、梨、みかん、無花果。栗の木はもともとこの土地に二本あった。地面からいきなり花の咲くみょうがも生えてきた。

神の示しの完全さには言葉もなかった。

一年を経て新しい場所にも慣れ、畑の収穫も思いがけなく良好だった。

子供一人一人を振り返ってみると、それぞれにたまらないほど愛しい思い出がある。

子供の大好きな私に神が与えた思いがけない年児三人のおまけ。我が手にたくさんの子供を抱ける幸せ。主人も庭に大きなブランコを作って、何かあると写真を撮った。

神の召命

ここに来て一年経った時、神からの言葉が来た。

「ここを神の宮として捧げなさい」

私は驚いた。キリスト教会にするの……牧師はどこから誰を頼むの……すると神の答えがあり、

「牧師はあなたである」

私は神学校を出てないから資格がない……また神の言葉、

「智慧と力はあなたに与えてある」

私は信じるしかなかった。

主人に話すと主人は猛反対。

「ここは俺の家じゃ、俺のもんじゃ、教会なんかにするか」

神に祈ると、

「私は主である。必ずする」

私は恐かった。一体どうなるの。しかし覚悟を決めた。

教会にしよう、パンフレットを作ろう。そして原稿を作りかけた。

神の言葉が来た。

「私の言葉はこの日に成就した」

その夜、夜中三時ごろ主人が帰ってきた。運悪く犬が鎖を切って放れていたので大声で文句を言っていた。

気嫌が悪いなー、と思って出ていった。

「俺、転勤になった。まだその時期やないのになー。東京本社や。栄転やけどなー」といささか気嫌が悪かった。

東京には当時東洋一の円形ビルが建ち、その一階が新聞社で大阪からやり手を一人よこせと要請があり、主人が選ばれたのだった。

出発は慌しかった。私と子供を芝生に座らせて写真を撮った。これが我が家での最後の写真となった。

神の言葉が来た。

「捕え移される者のため激しく泣け。彼は再び帰ってこの地を見ない」

何とも言えない思いだった。

その晩一晩弾けないギターを爪弾きながら「遥かなるサンタルチア」を歌い続けた。

直子が小学二年、満也四年三カ月、幸生二年十カ月、小百合一年八カ月であった。

間もなく新幹線が走り、東京は近くなった。

主人は私と子供たちを東京に来させようと必死だった。そのために送ってくれるお金はあまりにも少なかった。主人の心を思えば当然のことである。

しかし私にはもはや不可能なことであった。

神と子供たちとの生活は天国のように楽しかった。

極貧の貧しさだったが苦にならなかった。戦時中を思い出した。何もなかった。でも皆元気に生きていたではないか。月に一度、鶴橋に買い出しに出掛け、干物をいろいろ買い込み、犬と猫のジャコも二キロ買って、パンの耳と混ぜて食べさせた。野菜は畑で採れた。木苺、ゆすら梅、無花果も実った。毎日伝道に出掛けた。子供が小さいので今しばらく待って欲しいと伝道をサボると子供が風邪を引いた。

部屋を幼稚園の自由遊びのようにして、粘土、クレヨン、大きな黒板などを置いて、毎日出掛けた。

翌年の春、風邪を引いた。一カ月で何とか治った。

それから毎年春に風邪を引いた。一年ごとにそれは治りにくくなり、三年目には一年かかっても治り切らなかった。

お金が無ければ寿命があっても駄目になるのだナーと思った。

直子が六年生の時、運動会でのハイライトであるマーチング・バンドの代表に選ばれた。先頭で指揮棒を挙げ、振りながら歩くのである。

ちょうどそのころには、どうしても上京しない私に腹を立てた主人からの送金がストップしていた。

私はいつかこの日が来ると、わずかの中からさらにわずかずつ貯めていた。それで二カ月は持つと思ったが、厳しかった。

直子には家では何もさせないで、エネルギーの消耗を防いだ。何とか運動会は無事に終わった。と同時に主人との戦いもついに終わった。

主人から手紙が来た。

「東京での生活、それも新聞社での責任の重い立場での激務は、妻なしにはやっていけない。東京ワイフを持っても良いか」と書いてあった。

どうしても来てくれないなら次の方法を考えるしかない。このままだと私も子供も自分も駄目になると主人も悟ったのだった。

二重生活で母を抱えた大変な中からも送金の額を少し多くしてくれることになった。

主人と結婚して十五年。幾度も病気をしたが主人は一度も文句を言わなかった。一緒にいる間はこれ以上できないほど尽くしてくれた。母もまた、朝は四時に起きて掃除洗濯食事すべてをして下さった。振り返ってみるとあまりに気の毒に思えて神に問うた。

神の答えは、

「私は地の上に公平を行う神である」

であった。神の確実さに驚嘆するとともに、すべてを捨てて神を選んだことにいささかの悔いもなくなっていた。

こうして一応、大谷家とは無縁となり、大谷姓だけを頂き、再び完全に神と共にある生活に還ったのである。

第二章　統一教会・原罪と復帰

統一教会との出会い

主人と戦いながらのこの四年間の生活は、毎日が伝道の日々であった。四歳半になったばかりの長男が実に良いお兄ちゃんで、安心して下二人を預けることができたからこそであった。次男がチョークで大きな黒板に、訳のわからない絵を描き、兄をつれて来て「見て、見て」と言った時。兄は体を横にしたり首を傾げたりしながら、いろいろ眺めていたが、最後に一言「うん、上手や」と言った。

三年、四年と毎日伝道しても一人の信者もできなかった。

東の丘陵地区では近鉄が開発を進めていて次々と家が建っていき、三年目には立派な住宅街となっていた。そこに大変熱心なクリスチャンがおられ、私が窮状を訴えると二人連れてきてくださった。生まれて初めて説教をした時、聖書を詠んでいると、「マルコ伝」十章四十六節、盲人バルテマイのところが目に止まった。そしてその光景が目の前に見えるように浮かんできた。必死にイエスを呼び続けるバルテマイ、その声を耳に止めてイエスは彼を呼ばれる。その途端、汚れた上着を脱ぎ捨て、踊り上がってイエスの前に来たそのバルテマイに静かにイエスが問われた言葉「私に何がして欲しいのか……？」必死に助けを求める盲人に言われたこの言葉「私に何がして欲しいのか……？」イエスの言葉の裏。私にはその時のことが今起こっているように身近に感じられた。目の見える人はそこにいっぱいいる。お前も同じになりたいのか……。最初の説教は終わり、聖歌の四五一番を歌って礼拝は終わった。

神無く　望み無く　彷徨いし我も
救われて　主を賛むる身とは　せられたり
我知る　かつては　盲なりしが
目あきとなり　神を賛む　今はかくも

無事に最初の一日が終わり、説教に対する不安もなくなり、神が語られることを知ったのだった。次の週も、その次の週も神の語られる説教は素晴らしく、来られた方は満足とともに信仰の厳しさに律然とされたようであった。こうして順調に行くかと思われたある日、神は突然に言われた。

「今まであなたが導かれた体験を語りなさい」と。

私はこのことを語りたくなかった。何故なら、自分には理解できても、他人には理解できないと思ったからである。しかし神は言われた。

「それを語りなさい。そうでなければ、私の摂理が進められない」

ついに私は決心し、私は神の御言葉に従って、大阪から生駒に来た今日までのいきさつを語ることとなった。

案の定、彼女たちは全く理解できなくて去っていかれた。彼女たちは他の教会で、イエス様のために一生懸命に働いておられる方たちなのだ。私はつらくても、恨む気も憎む気もなかった。それ以後の、多くの人からの激しい誤解の中での数年、神は毎日毎日聖書を通して素晴らしい御言葉をくださり、慰められながら過ごした。

私は神学の勉強をしたことがなかったので、旧約聖書を通読したこともなく、それどころか、旧約の必要性も意味さえも解っていなかった。しかし、神がくださる予言はすべて旧約聖書から与えられていた。

初めは、神が私を慰め、励まし、喜ばすために言葉をくださるのだと、ありがたく受け取っていたが、次第にそれが不思議な確信のようなものになっていった。というのは、一日に何十回、それこそ一年には何千回以上の会話なのだが、神の示される言葉がほぼ同じ意味を持ったところの示しであったからだ。次第にそれは将来の約束であると確信するようになっていった。もちろん初めから神を信じ、神の言葉を信じていたからこそ来られたのではあるが、ここまで確実に示されることは不思議という他はなかった。やがて阪奈道路が二車線から四車線に拡張され、我が家は立ち退きとなって近鉄が開発した今の場所に移り住むことになった。そしてここに来て三日目に、神から「再臨近し」との確信を与えられる、ある示しがあった。

このころは、あちこちの教会に再臨の垂れ幕が掲げられたり、預言者が出たり、クリスチャンの多くは訳も解らず「再臨、再臨」と口にしていた。

長女が高校に入学し、バスと電車で通うようになったため、お金がもっと必要になった私は、何か仕事をしようと探した。そして新しい仕事を始めたある日、菖蒲池にいった。迫害続きの生駒を離れ、ホッとしてふらふら～っと駅から東へ歩いていて、ふと立ち止まって前を見ると、そこには教会があった。

「世界基督教統一神霊協会」と書かれていた。

不思議だ、こんな教会聞いたことがないと思った。神霊協会……この教会は神霊を認めているのか。私は神から神霊を受けたためにクリスチャンの迫害に遭っている。

引き込まれるように教会に入っていった。出てこられた婦人は不思議そうに私を見ておられた。後で知ったのだが、統一教会は異端で有名な協会であった。しかし一軒家で七年も暮らし、どこの教会へも行かなかった私はそのことを全く知らなかったのである。

が、これが神の守りであった。

私は何の疑いも持たずに、統一原理を聞くこととなった。講師は伊藤さんという、元クリスチャンの二十七歳の青年だった。私は伊藤氏の説かれる原理講義に酔いしれるように聞き入った。

一、創造原理　天地創造、万物創造、人間創造。
二、堕落論　サタンの侵入、人間の堕落。
三、復帰原理　神は如何に人間を取り戻そうと摂理してこられたか。
四、歴史の同時性　人間は幾度も失敗を繰り返し、その度ごとに神は同じ条件で摂理を繰り返された。歴史は繰り返す、二度あることは三度ある、三度目の正直など、すべて原理から来ているのである。
五、キリストの出現と失敗
六、今は再臨の時である

統一原理とは、難解な旧約聖書の完全な解釈であった。旧約聖書は神が人類を堕落以前へ復帰させるための歴史の書だったのだ。

統一原理

統一原理は神に創られた人間が、必ず知らねばならない原理である。

ここでこの原理の中から、堕落してしまった人間にとって最も必要と思われる、堕落論と復帰原理を紹介しておく必要があると思う。

アダムとエバの失楽園の物語は、誰もが知っている話であるが、これが一体何を意味しているかは誰も解っていなかった。神話はすべてお伽話風に書かれているが、その中には深い意味が込められているのである。ただ、それを解く人が出てくるまでは解けない。旧約聖書に秘められた謎も、六千年の時を経てやっと解き明かされる時が来たのだ。神話が神秘的で不可思議な物語に過ぎないのであれば何の意味もない。その内容が六千年続く人間の営みに深く関係した出来事でなければならないのである。

エデンの園の物語は、神が美しい園を造り、その中央に「生命の木」と「善悪を知る木」を生えさせ、アダムとエバに命じて「あなたがたは園のどの木からも実を取って食べても良いが、中央にある善悪を知る木からは取って食べてはならない。触れてもいけない。それを食べると必ず死ぬ」と言われた。二人は神の言いつけを守っていた。ところが、蛇がエバに語りかけ、それは素晴らしいものであると誘惑して食べさせ、エバはアダムにも食べさせた。それを食べると二人は目が開けて、裸であることを知りイチジクの葉で腰を隠したのである。

二人はこれを食べたが死んではいない。変わったのは、裸が恥ずかしいことが解り、イチジクの葉で腰を隠したことのみだった。ということは、腰の部分で何か恥ずべき罪を犯したことを示しているのである。触れてはならない木、それは人間の体の中央にある性器を指していたのである。これが原理の解くエデンの園の物語であり、事実その通りに違いない。

しかし、私はもっと深く考える必要を感じるのだ。それは、これを禁じた神の言葉があまりにも強烈だからである。

「これを食べるな。これに触れるな。死んではいけないから」

この重大な意味を掘り下げて考えてみよう。

幼い時から一緒に育った二人が、裸であっても恥ずかしいと思わないのは当然だが、そこには大きな危険が潜んでいた。思春期になればホルモンの働きで、性の目覚めが起こる。神が、二人が完成するまで防がねばならなかったのはただ一つ、人格の未熟なセックスであった。

未熟なセックスが何故死ぬのか、それは精神の死を意味する。何故なら、未熟なセックスは本来の精神の成長を逆行させ、今までただひたすらに完成に向かっていた精神を性の欲望へと引きずり込み、心の進化を後戻りさせてしまうからだ。

それは止まるところを知らないまでに成り下がってしまう。神が「死ぬ」という言葉で表現されたことの強烈さを、人間は熟考しなければならない。しかしただいつまでも禁じられていたわけではなく、神が二人に「産めよ、殖えよ、地に満てよ」と言われたことからみて、完成した暁には当然解禁されるはずだった。


ここで原理に解かれている数の原理を説明しておく必要がある。

すべて、創られたものには完成するまで一定の時間が必要であった。「創世記」の中で、神が一つ一つ創造する度に「夕となり、朝となった。これ第○日である」と書かれてあるのは、育つための時間が取ってあるのだ。

聖書の中には幾度も幾度も同じ数が出てくる。原理ではそれを解き明かしている。

創造は六日で終わり七日目には完成して休まれた。ということは「七」という完成数の原理がある。神は（一）エネルギーであり、（二）それからプラスとマイナスに別れて、(三) 新しいものを生み出す。と、すべての創造の中に三段階の法則があった。「三」とは基本の数であり天の数。これを地上に現したとき、神が一つ、プラスとマイナスそれぞれで二つ、そして新しいものができて一つ、すべて足して四の数となる。地の完成数は「四」であった。三と四とを足して七となり、「七」が一つの完成の基準となる。その七がさらに、天の数である三段階に重なって「二十一」が天の完成数となっている。仏教でいう初七日、二十一日が満願の日というのも、皆この原理から来ているのである。

イエス様は伝道の前に四十日の断食をされた後、三度、サタンの誘惑を乗り越えられている。モーゼも十戒を神から授けられる時、シナイ山で四十日断食した。ノアは百二十年かかって巨大な箱舟を造ったが、これは四十×三である。モーゼは四十歳の時、イスラエル救出の命を受けたが失敗し、再び四十年かかって後エジプトを出発し、荒野を四十年間彷徨ってカナンの地に辿り着いている。イスラエルはバビロンの捕囚となって後、七十年、百四十年、二百十年と解放されている。イエス様には十二人の選ばれた弟子がいたが、一人が裏切ったと知った時、最後に三人を選ばれてゲッセマネの園で祈られた。が、三人とも三度とも眠りこんでしまい、イエスは捕らえられてしまう。このようにすべての数には意味があったのである。

ピタゴラスは「宇宙は数である」と言ったがその通りであり、数の掟が厳しく定められているのである。

人間にもまた、七歳、十四歳、二十一歳と三段階の成長があり、それぞれにさらに三段階に分かれている。赤子・幼児・小児期が七歳まで、児童・少年・前期青年期が十四歳まで、青年・後期青年・成人期が二十一歳となっていて、その期間を神と共に成長していくのである。しかし、神と人間のみの世界ではない。

神は天地創造にあたって自分の助手を作られた。それが天使である。

智・情・意の三天使がまず作られ、智慧の天使長ルーシェル、情の天使ミカエル、意の天使ガブリエル、そしてその下にそれぞれの天使がいて、それらの天使を助けたのであるが、天使たちは、それぞれの立場で地上に働く人間に協助するのである。例えば、教育には教師が必要であり、家を建てるには設計技師・建築士・左官屋・配管技師などが必要なように、人はその時その時の立場によって、神の子であると同時に、天使の立場にも立つのである。必要に応じて霊界の天使はその人間に協助しているのである。守護霊・背後霊とは皆これらの霊人なのだ。

人間の幼少期は自己中心、すなわち自分以外のことは考えられない。そして感情が中心で動物的である。それは七歳くらいまでは仕方がない状態であるが、神と共にあるから、神様が嫌がるからしてはいけないという理解の仕方は段々とできる。ちょうど親に叱られるからしないのと同じだ。しかし幼児期は自分に対する自覚が充分ではなく、対象は心ではなく物である。食べる物、オモチャ、これらがすべての世界であり、欲望と感情のみの世界である。幼稚園時代の正しい教育は、遊びを中心とした自由教育であり個性教育であるが、五歳からは幼少期の完成段階だから最小限の厳しさは必要である。自由にしておけばそれこそ大変、向上するどころか争い、奪い合い、他人への邪魔と干渉でゴチャゴチャとなってしまうのである。他人と一緒にいながら、しかし邪魔はしない、自分の世界・興味に集中する。それができれば幼少期はほぼ完成なのだ。

自由になるにはそれだけの訓練が必要なのだ。そして小学校に進む。

七歳になると、規則・規律に従うことができるようになる。宿題をしてくる、決められたことは守る。十歳を過ぎると、昔は親の言いつけで買い物や、掃除の場所が決められ、お布団を直したり部屋を掃除したり、玄関の掃除は長女、廊下は次女と受け持たされたものであった。掃除機も洗濯機も冷蔵庫もなかった昔、その上に子供が多く、子供の手伝いがなければやれなかったのだが、しかしこれは教育上大変良いことだったのだ。

そしてそこに、やがて心情が加わることになる。

例えば掃除の分担が決まっていても、長女が今日は風邪気味だとか、今日はテストだとか分かると、次女が長女の分もしておいてあげるというように、そこに心情と愛が加わってくるのである。

神は人間を土で創り、神の息を吹き込んで生きた者となった、とあるように、精神とは形のない世界から降りてきて形に入ったモノだから、欲望と感情は形ある世界・肉体で育つ生命であり、心は天の生命で感情や欲望を通しつつ結局は心と精神を育てて、神と共なる自らの本質を自覚するところまで成長して完成するのである。低い自我・感情を欲望に向けていた心を、神から与えられた精神へと方向転換する、その時本当の自分を発見し、心の故郷を知り、真の生き方・真理を悟るのである。と同時に、神が与えた喜び・平安・幸福がそれらと共に自分のものとなるのだ。

セックスは唯一、神が与えた創造の業であり、もともと一つの中から二つに分かれたものが一つに帰り、新しい生命を生み出す、最も神聖な行為であり、肉体の中に生まれた精神が感情や欲望を克服して、すべての行為を神に捧げ進化していく時まで、神はセックスだけを禁じた。何故なら完成以前にホルモンの働きで性への欲望が生まれると、精神はそちらに引っ張られて、その間違った行為は心を精神の高みから感情と欲望へと逆行させ、魂の意識は肉体の中でいつまでも感情と戯れ、魂の進化ができなくなってしまうからなのだ。もし精神が高い所まで達していれば、その行為は神の子を産むためのものであると理解し、神に感謝し、良い子孫を残すため、魂をもっともっと磨くことに心がけることになるのである。

男女がお互いに高い精神レベルを確立して、尊敬し合い畏敬し合い、霊的進化を支え合う、そこまで成長して初めて許されるのが本来のセックスだったのだ。

その次元で行われるセックスは非常に素晴らしいものとなり、幽体離脱をして天国に遊んだり、瞬間に真理に触れたり、神と戯れ天に遊ぶ行為となる。

タントラヨーガとして昔から言い伝えられているが、今まで本当に経験した人はほとんどいない。

しかしそれを完成することは、大変な努力の結果である。何故なら、欲望と感情と精神は切り離せないものであり、否応なく感情も欲望も付いてくるから。それを乗り越えるためには、神を愛することによって精神が高くなり、決して欲望に追従しない、自己の中心には真理と精神が一つになって存在し、欲望と感情は精神に従っていく、そこまで行っていなければならない。精神の高みから脱線したセックスは動物の持つ本能の世界へと逆行し、それから逃れられなくなり性の快感へと引きずり込んでしまうものなのである。

動物と人間の決定的な違いは、人間にはセックスの自由が与えられていることである。動物には自由はない。年に二、三回だけ決まった時期のみ繁殖のためだけに許されている。それでも、犬も猫もメスは嫌なオスには絶対に許さない。拒絶されたオスも手出しをしないのだ。犬猫の世界には強姦はないのだ。ということは、犬猫でも嫌なオスから強姦されるつらさから、神が守っているのである。

人間に性の自由が与えられたということは大変なことなのである。これを考えると、過ちを犯した人間は犬猫以下の世界へ落ちることになるのだ。欲望のために時として殺人さえ犯すのであるから、神が「これを食べるな、これに触れるな、死んではいけないから」と言われた、そのことがどれほどの意味を持っているのか今一度よく考える必要があろう。それとともに、神が与えた最高のプレゼントを本来の意味で味わうために、神と共に魂を育てる努力を男女共にすべきなのである。

セックスのためだけではない。感情と欲望が中心になって作り出されるのは「苦の世界」なのである。原因は必ず結果を生み、心と行いは必ず結果として現れるのだから。高い精神の作り出す世界は「平和と幸福と喜びの世界」である。

よく耳にすることだが、「幸せ過ぎて恐い」と。確かに普通の生き方をしていて、あまりに幸せ過ぎるといつかは崩れる……と恐い。これは正直な人間の心だろう。大して良いこともしていないのに、そんなはずないよ……と思うのだ。けれど、心底から神と共にある生活には不安はないのだ。

神は絶対者であるから神の守護は絶対なのである。人間がセックスで躓かなかったら神と共に語り合っていたのだから、間違いなく神の子として成長していたのだ。神に従うほど素晴らしいことはないと解るのだから。その人間を狂わせたのはたった一つ、未完成な時でのセックスのみだったのである。

それでは、何故そのようなことを蛇が誘惑したのか、統一原理ではこのことを、「原罪」として大変重要視している。

たった一つの恐ろしい戒めを破らせたそれは何故か、動機は何か、これこそが地上に現れた最初の罪、いわゆる原罪なのだ。原罪――ここにすべての罪の源があるのだから、充分に知る必要があるが、その前に蛇の存在について説明が必要であろう。

そもそも蛇とは何か、蛇が喋るのか――という疑問だが、霊界においては天使はほとんどが龍体・蛇体なのである。東洋の各地でお寺の屋根に龍が乗っているのを見かけるが、これは天使の姿を表したものなのである。蛇と書かれているのは天使であり、地上の誰かの背後霊となっていた存在のことだが、その正体を知るためには、聖書のもう少し先のカインとアベルについて学ぶ必要がある。

それより以前、「創世記」の一章に「神は創ったすべてのものを良しとされ、それらは皆良かった」と書かれている。つまり神の創造はすべて良く、悪はなかったのだ。何ゆえに蛇が悪に傾いたか、どうして悪が入ってきたのか、それを解き明かすためにはカインとアベルの物語を学ぶ必要があるのである。

アダムとエバが神に背いてエデンの園を追い出されて後、二人は結ばれてカインとアベルを産むが、神は堕落した人間を早く元に戻したいと、一つの摂理を与えられた。それは、カインとアベルに供え物を命じられたのである。

カインは地を耕す者となり、アベルは羊を飼う者となっていたので、めいめいは心を込めて供え物を捧げたのである。ところが、アベルの供え物だけ天から火が降り神が受け取られ、カインの供え物はいつまでたっても受け取られなかった。この場面では普通、牧師の解釈はアベルの供え物は神の御心に叶ったので受け取られたが、カインの供え物は真心がなくて御心に叶っていなかったと簡単に片付けられるのであろう。確かに今まではそのように聞いていた。しかしそうではなかったのだ。

カインは大いに怒ったと書いてある。その怒りは想像を超える激しさだったのだ。

その時、神が言われた。

「罪が門口で待ち伏せしています。それはあなたを慕い求めますが、あなたはそれを治めなければなりません」

この時初めて「罪」という言葉が出てくるのである。今まではなかった「罪」、そしてそれはカインの心を慕い求める――ここを深く掘り下げなければならない。

カインが真心もなく形だけの供え物を捧げていたら、これほどまでの怒りを持ったであろうか。神が受け取らない――それも当然だ、自分が悪かったと思うはずであろう。二人とも、アダムとエバから神のことはよく聞かされていて、神第一にと教えられていたはずだから、むしろカインは兄として弟の世話をよくしていたであろうし、祭壇の作り方も供え方も兄として責任を持ってしていたはずである。

充分に真心のこもった供え物だったのだ。しかし捨てられた。その立場にある心情を「罪」が慕い求めたということは、罪が発生したのは同じ状態の中であったということになる。

神はエデンの園にすべての良いものを置かれ、それらすべてをアダムとエバに与えられたとあるが、それらを直接創ったのは多くの天使たちであった。地上の人間の形をしていても、アダムとエバには天使の役目として使われた人たちであった。

神がこの美しい宇宙をお創りになるために、天使は全力投球していたのだ。

天使は、アダムとエバができるまでは神の愛を一番多く受けていた。

特に最高の地位の天使長ルーシェルは神の側近であり、神と一体となって働いたのだ。しかし、でき上がったすべては神の子、人間のものだったのである。多くの天使は、上に立つ天使の下で働いているため、神との直接の関係は少ないわけだから問題はないのだが、ルーシェルだけは大変なショックを受けたのである。

天使は名の如く助手であり主役ではない。しかし、生まれてまだ幼い神の子が、決して天使より立派なはずもない。助け手にはそれだけの智慧と力と業がなければならないのであり、天使は人間より上の力を持っているのだ。

すべて整えられた良いものが、自分のために神が備えたものであると無邪気に喜ぶ幼いアダムとエバを見る天使長の心、最高の智慧と力をもって最後の一滴までも捧げ尽くしていなければ、これほど素晴らしい地球はできていない。人間は今でも、神にこそ感謝しても、それを助けた天使の存在をあまり知らないし、重要視もしていない。天使たちはそれが使命だから、別に不満なわけではない。ただ頂点にあった天使のみが堪えられない想いをしていたのである。だからといって、あっさりと裏切ったわけではなかった。その想いと必死で戦って戦って、しかしついには敗れたのである。神を最高に愛し、尽くし抜いたからこそ強烈な反逆だった。

　サタンを造ったのは人間なのだ。幼い幼い人間なのである。


　何故それが解るのか、と言われるだろう。

　私はかつて四十四歳と五十一歳と、二度の大変な経験をしているのだ。

　一度は、統一教会に入会した時。それまで毎日のように神に愛され、与えられていた予言のすべてが無に帰してしまった。先に祝福を受けた若い人たちから、「あなたはカインです。私たちはアベルで、私たちに屈服しなければ、あなたは神と何の関係もありません。それに初穂の祝福は、私たちで終わったのです」と言われたのだ。私は「あなたは刈入れの初穂である」との御言葉を戴いていたのであるが、さらに私が心を込めて建てた教会に来て、「もう、あなたの物は一つもありません、これは皆教会の物です。私がここの教会長です。すべて従ってください」と。

　乏しい中から、教会の物だけは不自由のないようにと整えていた、演壇、ストーブ二つ、大きな扇風機、椅子、オルガン、ピアノ、電子ピアノ。それらを見て二十七才の教会長は言った、「何もかも備わっているのね。神が準備してくれていたわ」と。

私も子供も、外出用の服も靴も持っていなかったのだ。主人と離れてからどんな生活をしてきたか……。

神を知ってから私の人生は、目が覚めている間一秒たりとも神を忘れたことはなかった。二十歳から四十四歳までの目覚めていた時間を、私は秒で計算した。

凄い、億を超える数字である。その時、それだけの針の雨が私を目掛けて一時に襲いかかったのだった。神の裏切り——あとで解ったのだが、神を裏切ったエバの償いだったのである。


もう一つは、統一教会が再臨でないと解って協会を出て、ある霊能者の導きでイザナミの使命者という人の所に行った時、その夜私は疲れて眠ってしまったのだが、夜中に目が覚めるとその人が霊能者の方と座ったまま取っ組み合いをしておられた。エイ！ヤア！と、大変激しい取っ組み合いであった。

しばらくしてそれが止み、その人が言った、「ああー、やっと取り返した。天使長が染み付いていたね。あなたは後のエバだね」と言われた。私はハッ！とした。

統一教会に行く以前に、与えられていた数々の予言が今再び繫がったのだ。

ある日、私が統一教会を出たと知って、自分も統一教会を出たいと私を訪ねて来た、その若い二人の女性をイザナミの使命者の所に連れていった。

その使命者は過去に神の使命のために、四人の子供と別れて、たった一人で来られたという大変つらい経験をしておられた。連れて行った子の一人が、別れた長女と同い年だったため、彼女は異常なまでにその子を可愛がり、本来なら私に与えるべき祝福をすべてその子に与えてしまわれたのである。

ここで私は、再び、過去のすべてを失うこととなってしまった。それも好意で連れて行った子のために。

私は今まですべての家族、特に子供を犠牲にした、特に長女と長男。頭の良かった長女は県下一の進学校へ行き、京大を目指したその途端に、私が統一教会に入ってしまって、長女に小学生の弟妹三人の世話をさせて、長女は高校の三年間、まともに勉強ができなかった。一年生の二学期に、わざわざ先生が来られ「京大に入れるお嬢さんだから、もう少し勉強させてあげてください」と言われたが、当時の統一教会は多くの東大や京大の学生たちが退学してまで献身していたので、私にも進学が重要とは考えられなかった。

長男も優秀な子であった。もうすべて私は、子供のことは犠牲にしてしまった。

この子たちを道連れにして犠牲にしてしまう、そんなことがどうしてできるだろう。毎日毎日、大変な想いの中で悶々としながら、それでも、こんなことをしていても仕方がないとその立場から離れて、大きな宇宙を考えてみた。今の地球では、人間の失敗を取り返すために神がそれぞれの役割を持たせておられる。

私はエバの役割に選ばれているのだ。

しかし、そんなことばかり考えて悶々することは、自分をだめにしてしまうと思った。悶々としている必要などないのだ。

宇宙は大きいのだ
宇宙の心臓の鼓動は何だ
宇宙はひとつの乱れもなく　動いている
そして宇宙の心臓の鼓動は　愛なのだ

私は大きな立場に立って、勝利を得たのであった。

もうどこにも行かないで、この平安の中にいようと思っている私に、不思議と毎日毎日、それは突然襲って来た。一時間ほど狂うような想いになるのだった。

「殺そうか、死のうか」というほどの想いである。その時は、どうしようもない。しかし一時間ほどすると、ふっと治まって「ああ、私はもう勝利していたんだ」と思うのだが、翌日には同じ想いがまた襲ってくるのである。そしてその翌日もまた翌日も、勝利してはまた襲われ、勝利してはまた襲われ……なんと六年間、悩まされ続けたのだ。

毎日同じことに悩まされるこの苦しさに、ちょうど六年目のその日「もう嫌だ。これ以上毎日この想いに悩まされるのは堪えられない。もう死ぬ方がましだ。死ぬこともできないなら、いっそこの想いと戦うのを止めて、サタンになるしかないよ」と言ったその時、私はこの世にサタンが誕生した、その瞬間を体験した、と思った。ここまで神を愛し抜いた私が、サタンになるその瞬間、そしてそれと同時に、サタンを造ったエバの罪が終わったことを悟った。

私は若い時に大病をして、その時牧師さんから、川辺貞治先生の『再臨編』という本を見せていただき、再臨があることを知った。その夜、夢の中で私に二本の十字架が与えられた。何故二本なのか、その時は解らなかった。

エバの十字架は二本あったのだ。

その一本は、神を裏切った償い、二本目はこの世にサタンを造ったことへの償いだった。私はこの体験を通して、天使長ルーシェルの悩みを知ると同時に、カインの想いも知った。カインはルーシェルの罪を償うべく神が摂理したのだが、そんなことが解るはずもなかった。その恨みの大きさは計り知れないほど大きかった。カインはアベルを殺して土に埋めたのであるが、神に発見されて彼は言う、「私の罪は重くて負い切れません。人は私を見つけると、きっと殺すでしょう」と。しかし神は言われた、

「いや、そうではない。誰でもお前を殺す者は七倍の報いを受けるであろう」

神はよく解っておられたのだ。こんなにつらい立場はないのだということを。殺されるにはそれだけの理由もあるのだ。一生懸命尽くしたカインを殺人者にした、その責任はアベルにもあるのだ。しかし、アベルには解らない。エデンの園にいたアダムもエバもまだまだ未熟で、自分が神に愛されているのを喜ぶことしかできなかった。これが悲劇を生んだのである。

――人間を堕落させ、死に至らしめる――ルーシェルにはそれ以外に、心の収めようがなかったのである。

私が経験した、あの六年間の異常な想い、あれはルーシェルが悶々とした想いではなかっただろうか。可愛く幼いアダムとエバが、七歳ごろから小生意気になって、十二、三歳にもなれば神の愛を一身に受けて美しく育っていくエバ。

ルーシェルは大きな心の空洞に堪え切れない想いだったに違いない。完成してしまえば、堕落はしなかったはずが、六年間堪えに堪えながら、その一瞬に彼はサタンと化した。これが地上にサタンができ、人間が精神的に死に至ったすべてである。

ノアの方舟

カインとアベルが失敗した後、神は次の摂理の準備をされた。

アダムとエバはアベルを失った後、再び子・セツを産み、それから九代目に生まれたノアを得て、神は次の摂理を実行した。

このころは地上には悪がはびこり、人が思い謀るのは悪いことばかりであり、セックスは乱れに乱れ、神は人間を創ったことを悔いられ、人類を地の表から滅ぼそうと思われたと聖書には記されている。しかしノアは全き人で、神と共に歩み、主の前に恵みを得た。

ノアは神の御言葉に従って百二十年かけて巨大な方舟を造り、神の命令通りにあらゆる動物を一つがいずつと、妻とセム、ハム、ヤペテの三人の息子とそれぞれの妻を乗せた。これがどれほどのことだったたか、当時の人からは大変な迫害と嘲笑を受けたことと思われる。

しかしやがて雨が降り始め、天が破れたかの如く激しく四十日四十夜降り続き、地上のことごとくを水で覆ったとある。巨大な方舟は地から高く上がり水の表に漂っており、こうして地上の生き物のすべてが滅び、方舟にいたものだけが残ったのである。しかしこのノアの心血を注いだこの摂理も、ハムの過失によって失敗に終わることになってしまう。

長い長い摂理をやっと終えたノアが、葡萄畑を作り、大好きな葡萄酒を飲んで酔い、何も着ない裸でグッスリ眠っていた。その姿を見たハムは、父の姿を大そう恥ずかしく思い、兄弟たちに告げ、二人の兄弟は後ろ向きに近づき着物を掛けたのである。が、このノアの姿はアダムとエバが堕落以前には、裸であったが恥ずかしくなかった、その汚れない時の姿として神が見せたのだった。しかしハムの行為は、これを恥として賤しめてしまい、せっかく苦労した百二十年を台無しにしてしまった。これにより、ハムはその子孫が黒人として長い長い苦難の歴史を営む源となったのである。

アブラハムの召命　イスラエルの起源

その後、セムの子孫の九代目に生まれたアブラハムを、神は次の摂理に選ばれるのだが、カインの失敗、ハムの失敗と二度の失敗をしており、三度目は天の数であることからも必ず成功しなければならない数であり、アブラハムの使命は大変重大なものとなった。その時神が彼に与えられた言葉は、

「あなたは国を出て、親族に別れ、父の家を離れ、私が示す地へ行きなさい。私はあなたを大いなる国民とし、あなたを祝福し、あなたの名を大きくしよう。あなたは祝福の基となるであろう。あなたを祝福するものを私は祝福し、あなたを呪うものを私は呪う。地のすべての輩はあなたによって祝福されよう」

であった。この言葉は、大変な栄光の言葉である。

しかしここからのアブラハムの道は、普通では到底考えられないほど大変な、ただただ信仰を試され続ける道だった。

今回はアブラハムが失敗したら、今までのように次の摂理に託すというわけにはいかないから、たとえ子や孫と三代かけても成功しなければならない道なのだ。

神がこれだけの言葉を与えなかったら、その約束がなかったら、到底堪えられない使命だったのである。それゆえに神は、いつになるか解らない遥か彼方かもしれない約束を初めに与えて導き出されたのだ。

アブラハムは主の言葉に従って、妻サラと甥のロトとすべての財産と、ハランで得た人々を携えて出ていったとある。当時七十歳、もはや若くない彼には決して楽な道ではなかったが、神は共におられて絶えず励まされ、約束の言葉を与え続けられた。

ところが年老いた二人には子供が産まれるとは信じられず、サラは仕え女ハガルにアブラハムの子を産ませ、イシマエルと名づけた。しかし神は、「この子は後継ぎではない。サラの産む子が後継ぎとなる」と言われ、さらに「天を仰いで星の数を数えよ、あなたの子孫はあのようになる」と繰り返されるのだった。

その後、百歳のアブラハムと九十歳を過ぎたサラの間に、約束の子イサクが産まれる。その喜びは大変なものだった。しかしイサクが童児となった時、神は一つの試練を与えられる。神はアブラハムに、

「あなたの子、一人子イサクをモリヤの山で、燔祭《はんさい》として捧げなさい」

と言われたのだ。

歩いて数時間のモリヤ山に、アブラハムはイサクに薪を背負わせて三日もかかって

登っている。悩み抜いたであろうが、アブラハムはついに神の示された場所に着くと祭壇を築き、薪を載せ、イサクを縛って刃を取り、まさに殺そうとした時、主の使いが彼を呼んで言った。

「この子を手にかけてはいけない」

そして神は言われた、

「あなたの子、一人子さえ惜しまないので、あなたが私を恐れる者であることを、今知った」

アブラハムが目を上げて見ると、後ろに角を藪にかけている一頭の雄羊がいたので、彼はそれを燔祭として捧げた。

神はアブラハムに言われた、

「私は自分を指して誓う。あなたが約束の一人子さえ惜しまなかったので、あなたを大いに祝福し、大いに子孫を殖やし、天の星、浜の砂のようにするであろう。あなたが私の言葉に従ったからである」

神はアブラハムを選ばれ、大きな約束をなさっているが、またそれなりの試練を与え、その約束の祝福に相応しいかどうか試されているのである。

サラが百二十七歳で死んだ後、アブラハムは成人したイサクの妻として、カナン人ではなく自分の親族から、心の美しい娘、リベカを選んで与える。イサクは母の死の悲しみをリベカによって慰められたのであった。

アブラハムもまた二度目の妻を娶り、六人の男女を得た。しかし、アブラハムはこれらの子をすべて、イサクから離して東の国に移らせた。長男として生まれた、ハガルの子イシマエルは砂漠の民となるのだが、神はイシマエルにもアブラハムの子として、一つの民族とすることを約束されている。彼らはエジプトの東に住んだと書かれている。

アブラハムは多くの試練を経て、神の約束はイサクに受け継がれ、イサクからその子ヤコブへと、三代目に完成の時を迎えるのであるが、ここからが神の摂理の本番に入ることになる。

妻リベカが子を産まなかったので、イサクが神に祈ったところ、妻は胎内に双子をみごもった。神は彼女に応えて言われた。

「二つの国民があなたの胎内にあり、二つの民があなたから出る。一つの民は他の民より強く、兄は弟に仕えるであろう」

こうして、エソウとヤコブが生まれた。

二人は成長して、エソウは巧みな狩人となって野に住み、ヤコブは穏やかで天幕に住むようになった。イサクは鹿の肉が好きだったのでエソウを愛しみ、リベカは温厚なヤコブを愛した。

ある日、ヤコブが豆を煮ていると、狩りでクタクタに疲れたエソウが帰ってきて空腹を訴えた。

「私は飢え疲れた。お願いだ、その豆の煮物を食べさせてくれ」

ヤコブは応えて言った。

「それなら、長子の特権をこの豆で私に売りなさい」

エソウは言った。

「私は死にそうなのだ。長子の特権など何になろう、早く食べさせてくれ」

それでもヤコブはこう言った。

「まず、私に誓ってからです」

エソウはヤコブに長子の特権を売ると誓ってしまうのだった。

この会話の内容をよく吟味してみよう。

エソウは狩人で、おおらかで世渡りにあまり細かい計算や打算をしない、いわゆる人の良い人間のように思われる。

それに比べて、ヤコブは実に頭が良い。悪く言えば打算的で功利的に頭の働く人間のようである。

狩りに疲れていた兄に、煮豆を作っていた彼がそれを食べさせてあげるのは、兄弟として当たり前のことだと思うのだが、彼は一皿の豆で長子の特権を奪ったのだ。エソウには単なる冗談にしか聞こえていなかったこの言葉、ヤコブはエソウの人の良さ、大らかさに付け込んで、誓わせてまで奪ったのである。


年老いて目も見えなくなったイサクは、ある時エソウに言った。

「私のために鹿の肉で美味しい物を作っておくれ。私はそれを食べて、死ぬ前にお前を祝福しよう」

神からアブラハムに、そしてイサクに与えられた祝福を、今エソウに与えようとしているのを、リベカが聞いていた。

リベカは大急ぎでヤコブを呼び、山羊の良いのを取って来させ、それを美味しく料理して言った。

「あなたはこれを持って行って父に食べさせなさい。父はあなたを祝福するでしょう」

そしてエソウの晴れ着を着せ、子山羊の皮を腕に巻いて行かせた。

イサクは一瞬疑ったのだが、触ってみると毛深いので、「声はヤコブのようだが、手はエソウの手だ」と言って、彼を祝福した。

ヤコブは葡萄酒も持って来て飲ませた。イサクは彼を引き寄せて口づけした時、着物がエソウの香りだったので安心して祝福して言った。

「ああ我が子の香りは主が祝福された野の香りのようだ。どうか神が天の露と肥えた所と多くの穀物と新しい葡萄酒とを、あなたに賜るように。諸々の民はあなたに仕え、諸々の国はあなたに身をかがめる。あなたは兄弟たちの主となり、あなたの母の子らはあなたに身をかがめるであろう。あなたを呪う者は呪われ、あなたを祝福する者は祝福される」


イサクがヤコブを祝福し終わってヤコブが父イサクの前から出て行くとすぐ、兄エソウが狩りから帰ってきた。彼もまた美味しい料理を作っていそいそと父に持って来て言った。

「父よ、起きてあなたの子の鹿の肉を食べ、あなた自ら私を祝福して下さい」

イサクは彼に言った。

「あなたは誰か?」

彼は答えた。

「私はあなたの長子、エソウです」

イサクは激しく震えて言った。

「それでは、あの鹿の肉を取って私に食べさせたのは誰か。私はあなたが来る前にみんな食べて彼を祝福した。ゆえに、彼が祝福を得るであろう」

エソウは父のこの言葉を聞いて大声をあげて激しく叫んで言った。

「父よ、私を私をも祝福してください！」

イサクは言った。

「あなたの弟が偽ってやって来て、あなたの祝福を奪ってしまった」

エソウは言った。

「よくもヤコブと名付けたものだ。彼は二度までも私を押し退けた。先に私の長子の特権を奪い、今度は私の祝福を奪った」

さらにイサクに尋ねる。

「私のために祝福を残しておられませんでしたか」

イサクは答えた。

「私は彼をあなたの主人とし、兄弟たちを皆僕として彼に与え、穀物と葡萄酒を彼に授けた。我が子よ、今となってはあなたのために何ができようか。あなたの住処は地の肥えた所から離れ、また上なる天の露から離れるであろう。あなたは剣を持って世を渡り、あなたの弟に仕えるであろう。しかし、あなたが勇み立つ時、首からその軛《くびき》を振り落とすであろう」

エソウはイサクがヤコブに与えてしまった祝福ゆえにヤコブを憎んだ。そして心の内に思いを秘めた。

「父の喪の日も遠くはないであろう。その時、弟ヤコブを殺そう」と。

このエソウの思いを、リベカは人づてに聞いてヤコブを密かに呼んで言った、「兄のエソウはあなたを殺そうと考えて、自らを慰めています。あなたは今から私の言葉に従って、すぐハランにいる私の兄、ラバンのもとに逃れ、あなたの兄の怒りが解けるまでしばらくそこにいなさい。兄の憤りが解けて、あなたのしたことを兄が忘れるようになったら、私は人をやってあなたを迎えましょう。どうして私が一日のうちに、あなた方を二人とも失えるでしょうか」

こうしてヤコブはハランへの一人旅に出ることになった。

ここまで書くと、もうお解りのことと思うが、エソウはカインの立場を、ヤコブにはアベルの立場を与えられ、天使長とアダム・エバの立場が繰り返されているのである。

ヤコブがハランに向かった最初の夜、神は彼に現れて彼の傍に立って言われた。
「私は、アブラハム、イサクの神、主である。あなたの子孫は地の塵のように多くなり、地の種族はあなたの子孫によって祝福を受けるであろう」

ヤコブは旅を続け、東の民の地に入った。そこで無事に母の兄ラバンの客として迎えられ、娘ラケルと出会い愛するようになる。ラケルを妻に貰う条件としてラバンの下で七年間働いた。しかし、七年目に貰えたのはラケルの姉レアであった。そして、妹のラケルと結婚するためさらに七年間働くこととなる。そしてレアの仕え女のジルバ、ラケルの仕え女のビルハも共にヤコブのものとなった。

ヤコブはレアを愛さずラケルのみを愛したので、主はレアが嫌われているのを見て、その胎を開かれた。しかしラケルは身ごもらなかった。

レアは、ルベン、シメオン、レビ、ユダを産み、ラケルは仕え女ビルハを与えて、ダン、ナフタリを産ませた。さらにレアは仕え女ジルバを与えて、ガド、アセルも産ませ、自らもイッサカルとゼブルン、デナ（女）を産んだ。その後、神はラケルに心を留められ胎を開かれたので、彼女は身ごもり、男の子を産み、ヨセフと名付けた。

ヤコブはヨセフが生まれた時、故郷へ帰りたいと思った。

レアとラケルのために十四年間働き、さらに数年、骨身を惜しまず家畜を飼い、それゆえにラバンのわずかだった財産は大いに増えていた。また神の祝福のゆえに、ヤコブのすることはすべて成功した。しかしラバンは幾度も幾度も報酬を変更し欺いた。

ヤコブはすべてがラバンのものとなってしまう生活から独立して、自分のものを持ちたかったのだ。

そこでヤコブはラバンと一つの約束をして、今しばらく羊を飼うことにするが、賢い計画と計算で飼い方を工夫した。そうして、ヤコブの羊は強く、ラバンの羊は弱いものとなった。約束と飼い方によって持ち物を増やしていったヤコブは大いに富み、多くの群れと男女の奴隷、ラクダ、ロバを持つようになっていた。神が守られたからである。

しかしラバンの子らは、ヤコブを、父からことごとくを奪う者と非難したが、主は云われた。

「私はラバンのしたすべてのことを見ています。今立ってこの地を出て、生まれた国に帰りなさい」

ヤコブは妻たちと子らとをラクダに乗せ、すべての家畜と財産を携えて、カナンの地、イサクのもとへと向かった。

ヤコブはエソウのもとに近づいた時、二十年を経た今、兄がどのような心でいるか知りたいと思い、先立って使者を送った。帰ってきた使者は、エソウがヤコブを迎え撃つために四百人を率いていると告げたので、ヤコブは大いに恐れ苦しんだ。そして神に祈った。

「アブラハムの神、イサクの神よ。私に『お前の国に帰り、お前の親族のもとに行け、私はお前を恵もう』と言われた神よ。あなたが私に施されたすべての恵みを私は受けるに足りない者です。私は杖の他には何も持たずに家を出ましたが、今は二つの組にもなりました。どうぞ、兄エソウの手から私をお救いください。彼が私を打ち、妻や子供たちにまでも及ぶのを恐れます。かつて、あなたは『私は必ずお前を恵み、海の砂のように数え難いほどにする』と言われたのです」

深く真剣な祈りの中で、ヤコブの心が変貌していったと、私は思う。

幼かったころの優しいエソウ、物にこだわらない大らかだった兄。それに比べて自分は狡猾で、疲れた彼に煮豆すら食べさせようとしなかった。良い物を自分にだけ欲しい、自己中心な自分だった。ラケルに一目惚れして、ラケル欲しさに一生懸命働いた。ラバンは狡猾で、幾度も報酬を欺かれた。しかし、神の信じられないほどの祝福のため多くの財産を得られた。エソウから奪い取った祝福で、自分だけが欲しいものすべてを得たのだ。

本来なら、自分ではなく兄エソウが受ける祝福だったのだ。もし兄が祝福されて多くの富を持っていたら、そして自分が神の恵みから見捨てられていたら……兄は決して、祝福を独り占めにはしなかったであろう。そんなことにこだわらず、自分も同じように兄から分け与えられただろう。

ヤコブは深く深く、神への感謝と共に自分を悔いたと思われる。

二十年もの間、エソウは奪われた恨みのために苦しみ抜いてきたのか。何と申し訳ないことをしたのか。

ヤコブはその夜、一晩かけて持ち物の中から兄への贈り物を選んだ。

雌山羊二百頭、雄山羊二十頭、雌羊二百頭、雄羊二十頭、雌牛四十頭、雄牛十頭、雌ロバ二十頭、雄ロバ十頭。それらを三組に分けて先に進ませ、群れと群れの間に隔たりを設けて、それぞれの先頭の者に命じた。

「兄エソウに出会って、兄が『誰の僕でどこに行くのか、これらの物は誰の者か』と尋ねたら、『あなたの僕ヤコブの物で、我が主エソウ様への贈り物です』と言いなさい」と。さらに、第二の者にも第三の者にも、群れについていくすべての者にも同じように命じたのである。

その夜ヤコブは、妻子とすべての者をヤボクの渡しを渡らせて、自分は一人後に残って祈っていた。そこへ一人の人が来て、夜明けまで二人は組み打ちをした。

彼はヤコブに勝てなかった。そして、「あなたはもはやヤコブと言わず、イスラエルと言いなさい。あなたは勝ったからです」と言って立ち去っていった。

イスラエルとは「神への勝利者」という意味である。

夜が明けてヤコブが先を見ると、エソウが四百人を率いて来るのが見えた。

ヤコブはエソウのもとに、七度、地にひれ伏して身をかがめながら進んでいった。

するとエソウは走り寄って迎え、彼を抱き、その首を抱えて口づけをし、共に泣いたのである。そしてエソウは言った。

「私は充分に持っている。あなたの物はあなたの物にしなさい」

ヤコブは答え「もし私があなたの前に恵みを得るのなら、私の手から贈り物を受けてください。あなたが喜んで私を迎えてくださるので、あなたの顔を見て神の顔を見るように思えます。神が私を恵まれたので、私は充分に持っていますから」と言った。

エソウはヤコブに強いられたので受け取ることにした。

そしてヤコブを誘って言った。

「さあ行こう。私が先に進もう」と。

ヤコブは辞して言った。

「子供たちはか弱く、乳を飲ませている羊や牛を私が世話しています。もし一日でも、多くを歩かせたら皆死んでしまいます。私は家畜と子供たちの歩みに合わせて、ゆっくり歩いて行きます。セイルで我が主と一緒になりましょう」

エソウは、「私のつれている者を、少し残していきましょう」と言ったが、ヤコブは「いえ、それには及びません。我が主の前に恵みを得させてください」と言った。

エソウは昔のままの優しい兄となり、ヤコブは生まれ変わって、神の人となり、どこまでもエソウを立てて祝福の座を確立したのである。

ここにおいて、アダムとエバの失敗、カインとアベルの失敗は償われ、この勝利の条件をもって、イスラエル個人ができ、民族となり、そして国家へとなっていくのである。

そして、民族からモーゼが出て律法を与えられ、国家を建てて世界のメシア、イエスを生み出し、イエスによって真理の御霊が与えられ、魂の新生ができるようになるのである。

ヨセフ〜イエス

ヤコブによって神のサタンに対する勝利基台ができ、神はこれを基準として次々と摂理されるのであるが、ここからイエスまでの摂理路程は詳しく書けばキリがないので、簡単に要点のみを書いておくことにする。

ヤコブの祝福はやがてヨセフへと受け継がれ、ヤコブはヨセフを溺愛したため、ヨセフは兄弟たちの妬みによって、エジプトに行く隊商に売られ、エジプトの自衛長に買い取られて奴隷となる。しかし神はヨセフと共におられ、ヨセフの成すことは皆成功し、ヨセフの成功によってエジプトにも神の恵みが与えられるため、エジプト王パロはヨセフを重用し、すべて意のままにする自由を与えたのである。

ある日、王は不思議な夢を見るが、その夢は誰にも解けず、ヨセフによって解かれ、ヨセフはエジプト周辺を襲う大飢饉からエジプトを救うこととなる。この功績によりヨセフはエジプトの宰相にまでなるのである。

飢饉は他の国でも酷く、ヨセフの兄弟たちはヨセフが宰相であることを知らず、エジプトに食料を買いに来るのである。ヨセフはすべてを許し、飢饉が長引くことを伝え、兄弟と家族のすべてにエジプトに移るように勧める。エジプト王パロもまた喜んで迎えたため、兄弟たちは皆エジプトに移住した。ヨセフを失って悲しみの生涯を送っていた年老いたヤコブは、思いがけずヨセフと再会し、喜びのうちにその生涯をエジプトで終えるのである。

彼らはエジプト人と区別され、ヘブル人と呼ばれ、離れた土地で羊を飼っていた。しかしヨセフが死に、やがてヨセフのことを知らない王が興ると、王はヘブル人の力の強さとあまりにも増えて多くなることに恐れを抱き、彼らを厳しく奴隷として扱うようになる。ヘブル人は苦しさのあまり、神に救いを願うのである。

ついに四百年が満ち、神はこれを救い出そうと摂理されるが、その時選ばれたのが、モーゼである。

当時は王の勅命で、ヘブル人の産む男子は皆、ナイル川に投げて殺すように言われていた。が、モーゼはあまりにも可愛く立派であったため、母親は葦の葉で編んだ籠に入れてナイルに流すのである。偶然にも水浴びに来ていた王妃に拾われ、王子として宮殿で育つことになり、乳母として実母が雇われ、実母は密かにモーゼをヘブル人として育てるのである。

モーゼが四十歳の時、ヘブル人救出に立ち上がるのであるが、失敗してエジプトを追われてしまう。他の地に逃れてさらに四十年を経て再び、神の召命を受けて救出に立つのである。しかし王は長年使い慣れた奴隷を解放しようとはせず、神は幾度も幾度もエジプト人を討たれるのであるが、彼らは聞き入れず、その頑なさについに神は最後の手段を採られるのである。

神はイスラエルの人々に言われた、

「家ごとに一歳の雄の子羊を四日間可愛がって飼い、その後に屠り、その血を器に受け、門戸の両柱と鴨居に塗りなさい。そして旅支度を整えて夜明け前に旅立てるよう準備しなさい。これは過ぎ越しの祭りである。その夜、天使たちに命じてエジプト人の長子は王から僕、獄の囚人に至るまで、人も家畜も初子はことごとく殺させるであろう。しかし子羊の血が門に塗ってある家には、天使は過ぎ越して禍は起こらない」

その夜、神の言葉通りエジプト人の初子はことごとく死に、どの家からも嘆き叫ぶ声が上がった。王はモーゼを呼んで、急き立てて国を去らせるのであった。彼らは皆が死ぬと思ったからである。

イスラエルの人々は多くの家畜を従えて出発し、三日の後、紅海を前にしていた。エジプト王は禍が止むと再び心を変え、奴隷の民を取り戻そうと後を追うのである。イスラエルの人々が絶体絶命の危機に立たされた時、神はモーゼに言われた、

「杖を水に入れなさい」

モーゼが杖を水に入れると、紅海の大海原は二つに割れた。こうして紅海を渡って逃れたのは有名な話である。

旅の途中に神はシナイ山でモーゼに十戒を授けられ、人間は初めて神の律法を与えられることとなった。この後イスラエルの人々はモーゼに率いられて、四十年かかって、カナンの地に辿り着くのである。

カナンの地に入る時、神は彼らを厳しく戒められ、エジプトでの奴隷の苦しみから救い出した神を忘れず、モーゼを通して与えた十戒を守ることによってのみ、この地で幸いに生き長らえることができると約束されたのである。

十戒の内容を簡単に記せば次のようになる。

「心を尽くし精神を尽くし力を尽くして神を愛さねばならない、他の神に従ってはならない、偶像を作って拝んではならない、偶像に仕えてはならない、父と母を敬うこと、殺してはならない、盗んではならない、姦淫してはならない、偽証してはならない、他人の物を欲しがってはならない」等々であり、さらに「今日、私が命じるこの言葉をあなたの心の留め、努めてあなたの子供たちにも教え、座る時も道を歩く時も起きる時も、これについて語り、これらを手に記し、目の間に置いて覚えとし、また家の柱と入り口と門に書き記さねばならない。奴隷の家から導き出した主を忘れてはならない」と、厳しく戒められた。

カナンの地　バビロン捕囚と帰還　預言者の出現

彼らが神の命令によって造った契約の箱といわれる祭壇があった。それは木で造った、両手を横に伸ばしたくらいの寸法の立方体の箱で、屋根があり移動の時は二本の棒の上に乗せ担ぐのである。

ヨシュアが最後にカナンの土地に入る時、神は再び紅海の時のように、ヨルダンの河の水を堰きとめられた。

神は祭司に「契約の箱を担いで水に入ると水は堰き止められ堆《うずたか》くなり徒歩で渡れる」と言われた。

その通りになった。

しかしモーゼはカナンに入ることなくピスガの山からこれを眺めて死んだ、と書いてある。しかし墓は見つかっていない、とも書いてある。

数々の神の力を目のあたりにした彼らは、ヨシュアに導かれてカナンに入り、力強く領土を拡げていった。


やがてダビデという立派な王を得て、その子ソロモンの時神殿を建設し、イスラエル国家を建設し、その栄華と名声は周囲の国を驚かせ、シバの女王ははるばるソロモンの智慧を求めてイスラエルに来るのであるが、ダビデの死後、少しずつ律法から離れ、ついにアッシリアに攻め込まれてバビロンの捕囚となり、七十年後ペルシャの王クロスによって一部開放され、神殿建設に熱心な二支族が帰還するのである。その後また七十年また七十年と二百十年かけて十二支族全部開放されるのであるが、彼らは最初の二支族を除いてイスラエルに帰還してはいない。行方不明とされている。

このころから預言者が起り、メシアの来臨を告げるのである。

メシアがユダの地ベツレヘムに生まれること、エッサイ（ダビデの父）の根から真理の霊を持つメシアが生まれること、そして旧約聖書の最後は「主の大いなる日が来る前に私は預言者エリヤをつかわす。彼は父の心を子に、子の心を父に向けさせ主のために道を調える。それは私が来て呪を持ってこの国を打たないためである」で終わっている。

洗礼者ヨハネとイエスの誕生と生涯

神の再創造のはじめから四千年の時を経てイエスの誕生となるのであるが、神は預言どおりエリヤの霊と力を持った洗礼者ヨハネを先駆者として、当時祭司であったザカリヤの子として誕生させておられるのである。

新約聖書「ルカ伝」一章十七節に、天使がザカリヤにヨハネの誕生を告げ「彼はエリヤの霊と力をもって御前に先立って行き、父の心を子に向けさせ、逆らう者に義人の思いを持たせて整えられた民を主に備えるであろう」との使命を伝えられている。

それから六カ月後に天使ガブリエルはガラリヤの処女マリアに受胎告知をするのであ

る。マリアは神の摂理に従って神の子を産む条件の下に身籠るのである。

この後マリアはヨセフと結婚するのである。神はヨセフに「お腹の子は神の子である」と告げられている。

イエスの誕生が近づいたころ、人口調査の登録のため、ヨセフもダビデの家系であったため、ガラリヤからユダヤのベツレヘムに向った。その途中でマリアが産気づき、宿は満員で、仕方なく馬小屋を借りて出産し、飼葉桶の中に寝かせた。

東の国で星を研究していた博士三人が、王の星が現れたと宝物を携えて旅してきてイエスを拝したのは有名な話である。


イエスが三十歳の時、神の言葉がヨハネに臨み、ヨハネは全地に悔改めのバプテスマを受けるように宣べ伝え、イスラエル全土から人はヨルダン川に集まってヨハネから水のバプテスマを受けたのである。

ヨハネは、「私は水でバプテスマを施すが、私の後に来るお方は聖霊と火でバプテスマを与えるであろう」とイエスの出現を予言した。

イエスはヨハネのバプテスマを受けるため、ヨルダン川に行かれた。その時聖霊がイエスの上に降り、神の声がした。

ヨハネは言った。

「見よ神の子羊、私は今聖霊が鳩の如くこの方の上に降りたのを見た」と。

イエスはバプテスマを受けて後、山に籠り四十日四十夜の断食の後、三度のサタンの誘惑を斥け、伝道の生涯に入られるのである。

イエスの伝道

イエスの伝道の態度は全く斬新なものであった。

「見よ、天国は近づいた」と言いながら次々と病人を癒し、パリサイ人の宮殿に堂々と入っていかれ、権威をもって語られた。多くの人がイエスのもとに集まってきた。

イエスはわずかの間にユダヤ地方に一大旋風を巻き起されたのである。それは空まで吹き上がる竜巻のように凄かった。

今までモーゼに従って厳しく律法を守っていたパリサイ派の人たちは驚いた。

しかし、イエスの言葉は「私は律法を廃するために来た」と堂々と宣言され、律法に縛られない自由な生き方の中で善に生きる方法を示されたのである。

「数々の律法があるが『己の如く人を愛する』この一語に尽きる」と言われたのだ。

さらに自ら進んで当時最も嫌がられていた収税人や遊女にも親しく接して教えられ「収税人、遊女は先立って天国に入る」とまで言われたのである。

長い間律法に従って、右にも左にも曲がるなと教えられ、これを厳しく守ってきた律法学者は混乱し、イエスが律法を破られるのを見て厳しく質問するのである。

例えば「安息日は何もしてはいけない」と教えられた彼らは、安息日に病人を癒されるイエスを厳しく咎めた。しかしイエスは「もし自分の子羊が安息日に井戸に落ちたら助けないか」と質問され、彼らは黙ってしまった。

イエスの弟子が、お腹がすいて道端で手で食事をしていたのを見て彼らは言った。「洗わぬ手で食事をすることは汚すことで罪である」と。

しかしイエスは「口から入る物が汚すことはできない。汚すのは口から出る物、すなわち悪口、誹りなどが自分も人も汚す罪なのであって、口から入る物は最後に厠に行くだけである。口から出るものは心から出るのであって、気を付けねばならぬのは口から出る言葉、心から出る思いである」と反論されるのである。

以前に数の原理で、成長にはその期間があることを説明したが、人間に心の成長があると同じく、地球にも成長の期間があるのである。地球の主役は人間であるから、それは人間の心の成長に合わせたものであるが。

人間の七歳までは、地球はアブラハムの時代、すなわち捧げ物の時代であった。むずかしいことはわからなくても、供え物はできるからである。

七歳から十四歳まではモーゼ、すなわち律法の時代であり、自由行動が許されない。親、教師の命令に従う時代である。

十四歳から二十一歳までがイエスの時代、すなわち心情と愛の時代へと成長するのである。

ちょうど芋虫が蛹になって閉じ込められ、蝶となって羽ばたくように、三段階の過程を経て成長するのであるが、それはそれぞれ全く異なった姿へと変ずるのである。

しかし、新時代が来ることは恐ろしいことで、心に拘りがなければ正しい判断ができるが、宗教にしろ思想にしろ、教え込まれたものが染み着いた頭には、新しい物は受け入れがたく、今まで高い宗教、思想であるほどそれはむずかしい。

洗礼者ヨハネも、一度はイエスを神の子と証しながら、それが自分の親戚の大工の私生児として生まれたイエスであることは知らなかったのである。ヨルダン川で神の啓示を受けた時は大変ショックに違いなかった。

彼はイエスの弟子となり、証し人として道を備える使命を果たさず、別行動を取り、イエスのところへ弟子を遣わして、

「来《きた》るべき方はあなたですか、他に待つべきですか」

と尋ねさせた。

その時のイエスの言葉は「私に躓かない者は幸いである」であった。


イエスの名声は日に日に高まっていき、不治の病を癒された多くの人々、魂を救われた庶民、遊女、収税人たちはイエスから離れなかった。

イエスの行かれるところには多くの人が待ち受けていた。

イエスは弟子となるべきヨハネを失い、漁師ペテロを召命されるのであるが、次々と職を捨てて、ヤコブ、ヨハネ、マタイ、ルカなど多くの弟子ができ、その中から十二人を選び、悪鬼を追い出し病を癒す力を授けられ伝道者とし、さらに七十二人を選び、また選ばれなくても信仰篤き者はイエスの名によって病人を癒すことができた。

このころからパリサイ派の教師たちは集まってイエス殺害の計画を立てはじめるのである。

このままでは皆イエスに従っていく。これは大変な恐怖であった。そしてまた「律法を汚す者」を許すわけにはいかなかった。

イエスはまた「人は新しく生まれなければ天国に入れない」と新生の必要を説かれた。親からは肉体の、神からは心の誕生の必要を説かれたのである。

エルサレムに行かれる前に、イエスは密かに十二使徒を呼んで、自分が「エルサレムで祭司長、律法学者の手に渡され、あざけられ、鞭打たれ十字架に架けられ、そして三日目に甦るであろう」と告げられるのである。

律法学者、パリサイ人は、イエスの言葉尻をつかまえて訴えようと言葉巧みに近づくが、イエスがそれにひっかかることはなかった。

最後にエルサレムに入られる時、全市民がこぞって歓迎し、イエスは毎日宮で教えておられた。

パリサイ人たちはイエスを殺そうと計るが、民衆が熱心に教えを聞いているので手の出しようがなかった。

しかしその時、十二使徒の一人イスカリオテのユダにサタンが入った。彼は宮頭のところに行き、金を受け取り、群衆のいない時を見計らって彼らを連れて行く約束をした。

エジプト王パロから救い出された過ぎ越しの日を記念して、毎年二月十四日を「過越祭」として祝うことになっていた。その日、イエスは弟子と最後の食事をされた。レオナルド・ダ・ヴィンチの有名な「最後の晩餐」はこの時を想像して描いたものである。「この中の一人が私を裏切る」と言われてざわついている様子が描いてある。

イエスはゲッセマネの園に行かれ、最後に、ペテロ、ヤコブ、ヨハネの三人の弟子に「私は悲しみで胸が張り裂けそうである。私のために眠らず祈りなさい」と命じられ、自分は少し離れたところで祈られるのである。

二千年かけて自分を生み出した民族が自分を殺す。そのカルマの報いがどれほどきついか知っておられるイエスは堪えられなかった。椅子でも机でも最低三本の脚があれば倒れないように、イエスは最後に三人を、自分を守る弟子として選ばれたのである。しかし、彼らは眠ってしまった。過越祭で疲れていたのだ。

そのときユダは近づいて「先生」と言って口づけした。あらかじめ合図としていた行為であった。

弟子の一人が剣を抜いて大祭司の僕を切りつけたが、イエスは「剣を鞘に収めなさい。剣を持って立つ国は剣をもって滅びる」と言われた。

十字架上の最後の言葉は「父よ、彼らを許して下さい。彼らは何をしているのか解らないのですから」であった。

イエスの墓の入口は大きな岩で塞がれた。

しかし、三日目の朝、マグダラのマリアと母マリアが来てみると、岩はころがされ入口が開いていた。中にはイエスの亡骸はなくなっていた。

墓の奥に白い衣を着た人か天使がいて「イエスは甦られエルサレムに行かれた」と告げた。

イエスはこの後しばらくの間、弟子たちに姿を現されている。

イエスは世の終わりについて多くの予言をしておられた。

・イスラエルは滅ぼされ国を失い、辱められ苦しめられる。しかし私が再臨する時、再び国ができる。
・多くの偽預言者が出て、自分がキリストだと人を惑わす。
・戦争が起こり、民と民、国と国がかつてないほどの恐怖を味わう。
・至るところに大きな地震が起こる。

それから最後が来る――と。

アダムからモーゼまで二千年。モーゼからイエスまで二千年。イエスから再臨まで二千年――それはまさに今なのである。

ここまでが、統一原理の骨組みにクリスチャンとしての私の心情を少し加えて説明したすべてである。

統一原理とは驚くべき内容であった。

長い間、牧師が一人の信者を作るのにどれほど苦労してきたか。教会は、多くても百人くらいの信者しかいないのが普通であったし、本当にレベルの高い信者は少なかった。もし牧師がこの原理を受け入れたら、どれほど楽に伝道ができるだろう。

しかし牧師は皆それぞれの教団に属していて、自由な考え方ができなくなっていて、簡単には離れられないのだ。原理を聞いて感動してすべてを捨て、献身した多くは二十歳前後の学生であった。それも優秀な学校の人が多かった。

彼らはこの真理に出逢って喜びに溢れても、その一方で単にカインとアベルに分けられて、アベルに絶対服従することだけがすべてのように教え込む先輩たちに悩んでいた。心情の世界が欠けて権力の正統化、軍隊のようであった。

特に神の家族といわれる文氏の祝福を受けた家庭の権力は大変なもので、若い人たちにも大変だったが、長い間十字架を背負って犠牲の人生を歩んできた牧師がこれに堪えるのは不可能に近いことであった。

統一教会での霊示・霊眼・霊耳

統一教会に入会してからの霊感は凄いものであった。今までとは全く違っていた。今までは聖書を通して神と会話してきた。家には手癖が付いて、ボロボロになった聖書が三十冊ほどある。それは私の直感に神が語りかけられるもので、私にははっきりと受け取れる示しであるが、あまりにも微かで、どのように解るか人に説明できるようなものではなく、その示しでここまで来たことは奇蹟としか言いようのないことであった。しかしここではあまりの苦しみと悲しみの中にいるためかも知れないが、悲しみ、苦しみが起こる度、霊眼・霊耳・夢を通して慰められるのである。

その時に最も適した内容であり、ほとんど毎日それは示されて、それが文氏の愛であると思った私は、疑うことなく、文氏は再臨のメシアであり、私も子供たちも祝福を受けるのだ――とそれしか考えられなくなっていた。また、聖歌が素晴らしかった。

教会の初期に作られた聖歌はどれも私の心に染み込むようで、歌う度に涙を流した。

何故か日本の使命を予言しているような歌があった。


修練会はいつも開かれていて、日本中から地区三日の修練を終えた人たちが、送り込まれてきていた。

そして十四日の修練会ともなると、時々霊に憑依される人が出た。原理という新しい真理は霊界を騒がせていた。取憑かれた人は自分を失い霊に支配されてしまう。そのために巡廻師という年配の女性がおられて、憑依した霊を離す仕事をしておられた。

その人は私にもそれをするように言われ、私はそのやり方を見て教わった。

しかし私は独自のやり方で、霊が憑いて暴れる人を鎮めるため、静かな聖歌を歌った。

我が羊よ淋しい野原に　　悩み倒るる弱き日にも
汝が傷癒す者も無く　　愛と真実の言葉無しや……

霊は静かになって聞き入っていた。

「あなた誰なの」静かに尋ねた。

返事をしないで泣き出した。

「あんなに愛されていたのに――」

「あ、あなたユダなの」

……返事はない。

「イエス様のことはもう考えたり悩んだりは必要ないのよ。二千年の使命を終えられ今再臨の時を迎えて、新しい時代が来たのよ。今この人がここで聞いているのよ……」

言って聞かせて霊界に帰した。

ここに降りてくる霊は原理の内容に反応するのだから、私は聖歌を用いるやり方で鎮めた。

また、守山の修練所には幾度も幾度もクリスチャンの体験を話してほしいと頼まれて出掛けた。当時の責任者が私の語るイエスの愛に深く共鳴しておられたのだった。

万物復帰

経済を支えるために次々と万物復帰と称する摂理があり、花売りの摂理が終わり朝鮮人参の摂理となり、皆一級のセールスマンに仕立てられて毎日のように出掛けた。やがて壺の摂理が加わり、日本の高度経済成長期と重なって、どんどん高価となり、大きな大理石の真っ白な壺は一億円にもなったが、当時、土地が高騰して農家の土地は数十億になり、一億の壺も平気で買われていた。

私は原理の内容には満足であったが、統一教会の内容にはいろいろ考えさせられるところがあって悩んでいた。

イエスの新生はここでは受け入れられず、教会の幹部（アベル）は「聖霊の時代は終わったのよ。今はカインがアベルに従い天使長の立場に立って、祝福を受けて完成する時代なのよ」と言われたが、そのやり方がどうしても納得いかなかったのである。

F会との出会い　統一教会からの脱出

教会に七十歳近いお婆さんがおられた。入会した時、若い人ばかりで、私はそのお婆さんを見つけ、思わず声をかけた。しばらく話して別れたが、そのお婆さんが突然訪ねて来られた。

「あんたなんか悩んでへんか」と聞かれ「悩んでる」と言うと「そやろと思って来たんや。あんたはこの教会におる人やない」と思いがけないことを言われ、私をある所へ連れて行くと言われるのだ。訳もわからず、F会という古神道の教会に行った。

そこは神道といっても神社はなく、会長は元国鉄の組合長であったが、突然神が降り、高野山で神道三年、仏教三年、キリスト教三年の修行をされ、神霊界から直接教えられ、古神道の道場と、経済のためのスーパーを経営しておられた。まだ五十歳ぐらいの大変穏やかな方で、ご挨拶をすませた私をにこやかに迎えて下さり、いきなり言われた。

「文さんは再臨のメシアではありませんよ。それに日本は神道霊界が守っていますから共産主義にはなりません。勝共連合など必要ありませんよ」と。

私は驚いた。当時世界はアメリカとソ連の自由・共産、真っ二つの時代で、共産主義の恐怖から教会は勝共連合を作って力を入れていた。

F会長は、大変熱心に、時には夜を徹して、いろいろと話して下さった。会長から教えられたことは、後になって大変役に立つのであるが、当時はいくら言われても原理がいっぱいいつめ込まれていて心の中に入って来なかった。

私が統一教会に行ってから、すごい霊感を受けることを話すと、「それは魔物ですよ。神からの霊はもっともっと微妙な微かなものですよ」と言われた。

行く度に「文さんは違いますよ。よくよくの縁やナー」と歎くように言われた。

私はいくら言われても原理から離れられなかった。

しかしF会は、今の私には唯一の憩いの場であり、先生の優しさに甘えて幾度も御邪魔し、古神道の講義にも出席し、行も一度だけ伝授していただいた。私はF会からも離れられなくなっていった。それは講習会の内容が原理とはまた違った意味で大変深いものであったからである。

F会に行って二度目のお正月、皆集まっていたその席で会長は不吉な予言をされた。

「神界に人が足らんから帰ってくれと言われているので、この夏ごろ危ないナー」と。

皆何のことやらわからず「会長が死ぬ……そんなこと考えられない」と思っていた。

しかし、その年の六月の末日、先生は亡くなられたのだ。

逢う度に「文さんはメシアと違うぞ」と言い続けられた先生。どうしても解らなかった私は、先生の死後、あることから文氏が再臨のメシアではないと確信したのである。

私は神に祈った。文氏の本当の姿を見せてください。

――神が見せた文氏の姿――

文氏はお金だけになっていた。一声掛けると数千万集めて来る献身者たちに、本来の使命を忘れてお金にのめり込んだのだ。

次々と出される摂理「韓国の大学を一つ復帰させるためにいくら……」「新聞社を買収する」など、どれも途中で止め、次に変わる。「日本と韓国を地下トンネルでつなぐため数兆円」それらは皆お金集めの手段であった。ひとつとしてできたものはない。メシアであるはずはなかったのだ。

私と子供たちとは統一教会を脱会した。

他の人たちを導き出す力は当時の私にはなかった。

すべてを捨て入信した人たちに、その時は何も言えなかった。次に導けるところが見つからない限り、どうすることもできなかった。

S氏との出逢い　大谷古墳

F会も統一教会も出て茫然としていた私はまたお婆さんに連れられて、今度はイザナミの命の使命者という婦人S氏の所へ連れていかれたことは、先に書いた通りである。そして文氏が天使長ルーシェル、また洗礼者ヨハネの使命者であることと、私が後のエバであることを知った。

霊能者を通して言葉が来た。

「大谷氏が、イスラエルの子孫として使命を果たす時が来た」

S氏は言われた。

「生駒に古墳があるでしょう。イエス様のお墓も」と。

以前、長男が生駒高校に行っていた時、二学期の父兄懇談に行った。

そこに夏休みの研究として生徒の発表したいろいろなものが並べられている中に、大谷古墳というのが幾つかあった。

私は「へェーそんな古墳があるの。としたらこれは私の先祖に違いない」と思った。神が「先祖の地へ導く」と言われて生駒に来たのだから。しかしその時はその内容を知ろうとまでは思わなかった。

イスラエルの古墳とイエス様の御墓がある――私は驚いた。その中には十二の星の刻まれた石の冠が一つ置いてあっただけとの霊示まであった。十二の星の冠、それはまさにイスラエル十二支族の証である。

不思議な本に出逢った。『ユダヤと日本の合わせ鏡』……フッとF会長の言葉を思い出した。伊勢神宮の石灯籠のすべてに彫られたダビデの紋章――それは神社だけでなくお寺にもどこかにあると。

しかし『キリストは日本で死んでいる』も『ユダヤと日本の合わせ鏡』もなかなか世に出ることは難しく、密かに読まれるだけであった。新しい宗教も出てきたが、今一歩統一原理に及ばなかった。しかし、文氏は再臨ではない――とすると、一体再臨とはどんなことなのか。さっぱり見当もつかなかった。

クリスチャンの中に教会に物足りなさを感じる人が多くなっていて、その人たちはいろいろと迷い、ヨーガを研究していた。イエス様はヨーガ行者だったという人まで出ていた。

私もヨーガをしようと思ったが、F会長からヨーガについていろいろの注意を受けていたため、簡単に入っていけなかった。その上ヨーガは日本の古神道の行とよく似ていて、否、むしろ古神道の行の方がずっと危険が少なく思えた。

先生が早く亡くなられ、ほとんど学ぶことができなくて残念であった。いつかその埋め合わせをしたいと思った。


長女の卒業と入れかわりに長男がミュージカルのために上京し、次男も私立大学へ入学して上京し、次女も私立の短大に入学した。私はエバの罪の償いに苦しみながら、一方でお金のために必死で働いていた。

私の生涯で一番大変な時だったかもしれない。

特に次男は体育が得意で円盤投げを希望していたが、体育をするほどの食事の栄養が充分でなかったためか、無理な特訓で心臓がパンクして一年休学し、それでも体育がしたくてその道に進んだが、彼は幼い時から風邪や病気でも一度も医者にかけたことがなく、四十度の熱を出しても神癒で治したため、私を信じていた。鬼のしごきで有名な学校に入学して、幾度も心臓の弁がはずれて脈が数えられないくらい打ち、救急車で病院に運ばれ、学校から他の科へ変更してほしいと言われたが、彼の決心は固く、私に何とかしてよ、なんとかしてよと言いながら、ついに卒業した。

今も体育の教師をしているが、完全に治っている。海外青年協力隊に志願して二年間エジプトにも行った。信仰の勝利であった。

第三章　ただひたすらに再臨を求めて

オウム　麻原氏との出逢い

経済に追われながら、神への勉強は少しも気を抜かず、宗教の動向を絶えずキャッチしていた。

仕事の帰り、本屋に寄った。「トライワイトゾーン」という宗教関係の小冊子の中に、私の考えていることと似たことが書いてあった。

オウム神仙の会――場所は東京だった。

真理を求めている人の考えることは皆同じだナーと思った。多くの人がヨーガに興味を持ちはじめている時であった。

それから二年後。もうこれ以上ぐずぐずしてはいられないと仕事を止めようと決意した帰り、旭屋書店に寄った。そこにうず高く積まれている本は「オウム」と書いてあった。「あれだ！」と思った。髪のぼうぼうとした人の写真が出ていた。

躊躇うことなく買い求め、一気に読んだ。

凄い！　チベットの秘境にあるヨーガをこの人が日本に持ち込んだか！　その上〝シャクティパット〟という特別な方法でアッという間にチャクラが開く、というのだ。

子供のことで人より五、六年遅れてしまった私にはまるで神の与えた人のように思えた。ヨーガには「その人に用意ができた時、師は現れる」という言葉があった。翌日、本に書いてある大阪支部を訪ねた。

教会長の大内さんは私と同じ本を読み、ひたすら真理を求めてこられた方であった。支部にはまだ七人しかいなかった。すぐ入会しようとしたが、土曜日で入会金三万円が払えず「月曜また来ます」と失礼した。帰るとき月報を頂いて帰った。

修養会には二十歳前後の人が毎回二十人ほど来ている。麻原氏は来る人全部にシャクティパットをしていた。が、与えた後、彼はその人たちのカルマを受けて、夜になると四十度以上の熱を出して苦しむことになるのだ。統一教会でも同じようなことをする人がいた。韓国のロン山にハルというお婆さんが、霊的に低い人のカルマを浄化してくれるというので、文氏は多くの基準の低い人を日本から送り込んでいた。彼女の苦痛は大変なもので、文氏は三年しか持たないと言われていたが、三年目に亡くなられた。

私はシャクティパットに憧れていたが、それは駄目だ、自分で行をしようと思った。とにかく、月曜日が待ち遠しい思いで待ちつつ、明くる日曜日、例の如く聖書を取り出して神様に祈って尋ねた。

「オウムに行きます。いいですね」と。しかし神の答えは「ノー」。「そんなはずはない」とまた問いかけた。「ノー」。一日中神と問答したが、百回が百回とも「ノー」だった。

私の頭は混乱していた。何故？　わけがわからない。

突然電話がかかり、姉から母が倒れたのですぐ来てくれとのことで、取る物も取りあえず出掛けた。その荷物の中に一冊の本を入れた。聖書ではない、もっと軽い小さい本、多分竜王文庫の本だったが、今は思い出せない。これで神と問答する気だった。私の中にはまだオウムがこびりついて離れなかった。

母は小康を保っていた。

その夜再び神との問答がはじまった。この本で示して下さいと祈りつつ……一回、二回、三回、そしてもう一回、同じ個所の同じ言葉が示された。

「あなたには人間に見えるが、私には蛇に見える」と書いてあった。えー何で……と思っていると急に意識が薄らいでいった。一瞬眠ったようだった。

六畳ぐらいの部屋に庭に面して片開きの大きなガラス張りの引き戸、その上に一メートルくらいに見えるのは、黒と黄色の横縞の巨大な蛇の一部分。それが少しずつ動いているのだ。なんと大きな蛇だろう。直径も一・五メートルぐらいはあるだろう。長さはこの太さから考えて百メートルぐらいか。しかし私に見えるのは窓の巾二メートルだけであり、ごくわずかしか動かないから全貌はとても解らない——これが麻原氏か——その時目が覚めた。

ここまで知らされ、一応諦めた。

あのすごいヨーガ行者が、なぜこんな巨大な蛇なのか。それも黒と黄色の縞。これは闘争的な色だ。

母が事なく回復し、私は安心して帰ってきた。

近所の団地に次男が住んでいて子供が生まれていた。そこにオウムの信者がいるらしく、チラシが入れられ、三才児の空中浮揚の写真が載っていて、これからの子供は皆宇宙人になるようなことが書いてあり、嫁も心が動かないはずはなかった。

とにかく、私は一度行ってみようと思った。神の示しを受けているのでのめり込む心配はもうなかった。大内教会長から矢のような入会の催促で次々と案内が送られていた。

狂気の集中セミナーと供養菩薩のイニシエーション

イニシエーションに興味があって、これに出掛けた。

富士吉田駅に迎えの車が来ていて、フィンランドから来た青年と二人で車に乗った。まだ第二サティアンだけの時、オウムがデビューして二年目だった。

一歩入って驚いた。玄関には机の上に、少しずつ束ねられた麻原氏の髪の毛が一束二万円で並べられていた。小さな瓶に入ったオウム水が一瓶二千円でこれも並べられていた。部屋に入ると短冊型の紙に名前が書かれ、その上に紙の花が付けられ、下には伝道した人の名前が書いてあった。まるで生命保険会社のセールスマンの部屋だった。『生死を越える』に感動して参加した私は少々幻滅した。

私の責任を持つという若い女の人が来た。二十二歳ぐらいで十七歳の乙女を連れていた。堂々と、私よりも自分は上だという態度で接してきた。どこか統一教会に似ていた。

イニシエーションを受ける準備がいろいろあり、場所も狭く半数ずつ、昼と夜に分けて準備をするために私は夜の部となり、朝五時に準備の修行が終わって朝食をすませ、六時から寝ることとなった。狭いので皆、他の人の邪魔にならない場所を選んで毛布にうずくまって寝た。私も階段を上ったすぐ横の一隅で毛布にうずくまっていた。

しばらくすると、バタバタバタバタバタと凄い足音で階段を上ってきた人がいきなり大きな声で「修行しろ、修行しろ！」と怒鳴った。私が寝ている毛布の上からドンドンと叩いた。「私、今寝る時間なのに――」と思って毛布から顔を出すと、何とそこには髪のぼうぼうとした麻原氏がいた。驚いた。しかし彼のほうがもっと驚いた。若い人のつもりでハッパかけたら、出てきたのが六十歳のお婆さんだったから、彼は「修行しろ！」と大声で怒鳴りながら他の方へ行ってしまった。

これが私と麻原氏の最初の出逢いである。

昼食の時、自分の今までのことを一人の女性に話した。彼女は真剣に聞いてくれた。『生死を越える』に出てくる女性は、皆幹部として働いておられた。とても純粋な、素敵な人たちであった。シャクティパットは麻原氏が身体を悪くしかけた時、石井久子さんがその力を得られたので交替され、私は石井久子さんから受けることになった。彼女も謙遜な、知的な、素敵な人で、心遣いも優しかった。

サクラーさんはピアノの上手な可愛い方で、ダイエットのためにヨーガを始め、何度も逃げ出し、その度不思議な夢を見て帰ってこられたと月刊誌に紹介されていた。

年配で牧師であった私に、皆愛情を込めて接して下さった。

供養菩薩のイニシエーションは大した物ではなかったが、仏教を知らない私には無駄ではなく、いろいろ合わせて五十万近い出費は高額過ぎるが、覚悟の上で来たこと、惜しいとは思わなかった。


その後は何やら怪しげな飲み物が配られた。私は麻原氏の正体が巨大な蛇であると示されていたので、これを飲むのを拒んだ。それを知った麻原氏が大声で怒鳴り始めた。

「私が幾人解脱させたか、どれほどの力があるか、解らない人がいるなら止めろ」

と一瞬ゴネたが、すぐ機嫌を直して、まだ十分理解できない人もいるだろうから、個人的に話したい人のためにしばらくは時間を取るから、その人は申し込んで欲しいとのことで、希望者を集められ、別室で個人面談することになった。別室に氏は五、六人の女性幹部を後ろに座らせていた。私が入ると、穏やかな優しい顔で迎えてくれた。私は言った。

「私はイエス様を信じて参りました。イエス様を離れないでこの行をやってもよろしいですか」

するとは彼は吐き捨てるようにつぶやいた。

「イエスがどこの霊界にいるか……モーゼはすごいがイエスなんか……それは完全な魔界に入りますね」

そして「おーい井上君、頼むよ」と十八歳の井上君を呼んで私のことを頼んだ。

後ろにいる婦人たちは一瞬驚いたように私を見つめた。それは明らかに麻原氏の非礼を申し訳なく思われている顔であった。

井上君は大変利発な可愛い子だった。私を別室に連れていき「大谷さん。今、何か不満があるからここに来たんでしょう」と幾度も言った。「まあね」と言うと「それならとにかくやってみることですよ」と言った。「それもそうね」と言ったが、麻原氏の言った「イエスがどこの……」の、まるでイエス様を軽蔑するように言ったのが、頭にこびりついて離れなかった。一体この人はどこの霊界にいるのだろう、と思った。

帰ると嫁は興味深々で待っていたが、いろいろと話して、一応は諦めた。納得し切ってはいない様子ではあったが。

麻原氏はモーゼは解ってもイエスは解らないのだ。モーゼは十戒を残し、大変な奇蹟を行った。これは誰にも解る。しかし、聖霊による新生は体験しなければ絶対に解らない。まだ三十二歳の若さなのだ。すべてこれからだ。今は何を言おうと許しておこうと思った。憎む気は全くなかった。

ツァンダリーイニシエーション

毎月送られてくる月刊誌にツァンダリーという行法が載っていて、その行法で解脱者が多く出ていた。興味があった。

今度のイニシエーションはツァンダリーだった。神に問うと「これに行っても良いが、これで終わりだ」と言われた。

よし！　これで最後だ、と思って出掛けた。

ツァンダリーは大変良かった。仏教の行としては最高だと思った。

家に帰って「これでオウムも終わり」とホッとした気分でツァンダリーの行法を、少し長いので簡単にまとめてやってみようと思ったが、過去にたった一度の新生が今まで続いてきたことを思うと、面倒くさくてやれなかった。それに、どんな素晴らしい霊的体験があるとしても、私にはもう必要ないのではないかと思った。

そんなある日、京都の支部長という青年が訪ねてこられた。

支部に来て欲しいと言われたので、「神がツァンダリーで終われと言われたの」と言うと、彼はびっくりした。

「大谷さん、それ本当なんです、あれが最高なんです」

「それならなぜオウムにいるの」と言うと「大谷さん、逃げるんですか」と言ったので、私はこう言った。

「私、百万円以上払っているのよ。タダ逃げではないわよ。それに、私はキリストイニシエーションで一瞬で神と共になったの。こんな面倒くさいことしないわ」

彼は仕方なく帰っていった。

神に言われたとおり、私はオウムをこれで終わりとした。不思議にそれ以後、オウムから誰も来なくなった。

私が次にオウムを知るのは、八年後のサリン事件である。

易占との出会い

厳しい生活を抱えて、次々と色んな仕事をしていたある日、不思議な人と出会った。私の名前で人生を当てたのだ。驚いた。

聖書は易占を禁じている。牧師はもちろん、クリスチャンも一切、易占には近づかない。

まして私は神と語ってきたのだから、聖書一冊あれば何でも解決した。

しかしこのころから、神は私を不思議にも易占の世界に導いたのである。それこそ、触れてもいけないと思っていた世界であった。

姓名学、数霊学、四柱推命、気学、カバラ、手相学、占星学。一口に易といっても、それは多岐に渡っていた。生年月日で宿命が解る、この不思議……。

しかし私は以前、F会長から一冊の本を頂いていた。その本の中にこんな言葉があった。

「星は人間の過去のカルマの通路を提供し、子供はこの天界の光線が、個人的カルマと数学的に一致したその日その時に生まれるのであり、星占図は塗り替えることのできない過去と、それから起こるであろう結果とを暗示する自画像である。けれどもこれは、真に直感的な人間でなければ正確に判読することはできないし、こういう人間はごくわずかしかいないのである」と。

誕生日の中に宿命のすべてが入っている……それを読み解くことができれば、こんな凄いことはない。占いは百パーセント当たることになる。易占とは驚くべきものであった。

四柱推命と数霊学は中国で研究されたと教えられた。しかし、それらを研究しながら「こんなものが人間の頭で考えられるはずはない。神から教えられなければ絶対に解らない」と思った。

一応基本は学んだが、それだけでは足りないと思ったので、例の如く神に祈って教えを請うた。

今まで、聖書を通して神と会話してきた。それは私の直感に神が働きかけられるもので、それによって間違いなく導かれてきた。しかし易占とは宿命学であり、異なる使命を持ったものであった。しかしどの方法も奥が深かったし、すべてを読み解くことは難しかった。そのうち私は独自の見方ができるようになった。

易に出会って十年、神と会話してから三十年経っていた。これもまた、神の与え給うたものであった。

聖書に出てくる「蠱事《まじわざ》」と「宿命学」とは別の物だと思った。

イエスの誕生はユダヤのベツレヘムと記されているが、それを自力でキャッチしたのは東方の占星学の博士たちであった。聖書に星占い師とは書かないで博士と書いてあるのは、当時の占星学が如何に高い学問であったかを示すものである。

思いもかけない人生が私の前に開けた。不可解な私の過去のすべては宿命の通りであった。

それが解った時、心の底に残っていた想いのすべてが消えていった。

人生相談、悩み事相談など、その人の宿命を知らずに指導できるものではない。しかしここで大切なことは、易占では天国の門は開かないということである。

それは神にしかできない。本当の平安を与えるのは神であり、易占はあくまでも神に付随したものである。ここが解っていれば易占は大変役に立つものである。

しかしまた、易占に凝ることは星の奴隷となることになり、魂を忘れて彷徨い続ける限り宿命の桎梏《しっこく》から逃れることはできない。

星は霊魂まで自由にはできない。霊魂が神と調和して生きる時、たとえ過去のカルマから生じる悪い結果が起こっても、越えることができるのを知るべきである。

イエスの死の謎を解く

私は、イエス様の死に多くの疑問を持っていて、それが頭から離れなかった。山根キクの『キリストは日本で死んでいる』を読んではいたが納得できなかった。キリスト双子説は頭から否定していた。

小さな神道系の教会に興味があって行ってみた。そこで友人となった人から面白い話を聞いた。

お祖母さんが死んだので三日目に火葬場に行った時、突然棺桶の蓋が開いて、「ちょっと、霊界へ遊びに行っとったんや」と言って出てこられたというものである。幽体離脱であった。お祖母さんは熱心な金光教の信者であった。

その話を聞いた時、イエス様の謎が解けた。幽体離脱しておられたのだ。簡単なことであったろう。もちろんイエスの体は槍で突かれ、十字架に架けられ血は多くを失われていたはずであるから、生命の危機はなくはなかった。しかし、イエスが捕らわれる前日、マグダラのマリアが高価なナルドの壺を持ってきて、中の香油を全部、イエスの頭から全身に流しかけているのである。

パリサイ人が「高価なものを何と無駄にするのか、売って貧しい人に施せ」と言ったのに対して、イエスは「貧しい人はいつも側にいる。私はもういない。マリアは私の葬りの用意をしたのである」と言われた。

「葬りの用意……」香油は防腐剤なのである。イエスが本当に死ぬつもりなら必要はなかろう。イエスの身体に防腐剤は万一の場合のために必要だったのである。マリアの捧げ物は時を得ていたのである。

何故イエスは復活されたのか、その後どうされたかは、また後のこととして。

イエスが神から与えられていた第一の使命は、ここで完全に終わったのである。

十字架上ですべてを許して死ぬ……そして三日目に甦る……これが原理でも解かれているように、愛の最高の基準となったのであり、イエスのこの条件で聖霊（真理の霊）を求める人のすべてに与えられる条件を勝ち取られたのである。……そして死にも打ち勝たれたのである。

クリスチャンはイエスの与える霊によって愛に甦り、十字架を背負って二千年を歩んだのであり、クリスチャンの犠牲を土台として再臨があるのである。

それはどこなのか……この数十年の間に日本ほど多くの宗教が出現した国はないのではないか。金光、黒住教が露払いをして大本教が出現し、そこから次々と、生長の家、救世、真光、PL、モラロジー、立正佼成会、創価学会、その他云々。そして統一教会、幸福の科学、コスモメイト、隈本教、そして極めつけがオウム真理教と、数えれば限りがない。外国では、インドのバクワン・シュリ・ラジニーシが多くの本を出し、とても素敵な内容で多くの人が惹きつけられていたが、セックスへの考え方が的外れだった。それぞれに特徴を持ち、皆我こそはと頑張っておられるが、幸福の科学には十冊の本を読んで入会したが二カ月で脱会した。コスモメイトもしばらく行ったが脱会した。金光、黒住、大本教などの多くは邪教ではない。しかし神の直系は統一原理であると思った。

そんな時、真光教の熱心な信者と出会った。その人は車で送迎するから、一週間道場へ通って欲しいと言って下さり、その熱意に負けて通うことになった。

ずっと以前、統一教会にいたころ、一度救世教に入信してみたことがある。

その入信歌に驚いた。

〝地上天国　世に立つまでの　いと深き仕組みにありぬ　永き歴史は〟であった。……

ここまで解っているのか……しかしここから先の内容は、原理でしか解かれていない。真光教は救世教の信者であった方が、さらに深く神の啓示を受けて独立されたものであり、手かざしの業は同じだが、内容はもっと深いということであった。

道場で毎日、手かざしをしていた彼女は、是非修養会に行くようにと私に勧められた。初級・中級・上級とあって、まだ誰にも明かされていないことが解かれているという、その内容を少し聞いて驚いた。上級では、イエスが十字架で死なず、日本に来たことや、宮中に伝わる五色人のことなどが説かれていた。しかしそれらは既に私の知っていることであり、さらに私にはその先のことまで知らされていたから、行く必要はなかった。「イエスが日本に来られ、百六歳まで生きられた」それだけのことなら特別な意味はなかった。

イエスの地上の歴史的な使命は、十字架と復活で完全に終えられていたからである。白・黄・黒・赤・青の五色人が日本から出たといっても、赤人、青人は存在しない。現実離れしたことは、今世紀の神の摂理の中にはないのだ。

竹内古文書によって、日本天皇の歴史が百五十万年もの昔から続いているとされるが、それは神の地球再創造の歴史があまりに永く、人類は幾度も失敗し、その度に神は造り直されて、極東の国に中心を置かれ、それが天皇の歴史として残ったためであろう。

人類が滅亡しても資料は残り、それらは再発見され解釈されていくのは、エメラルド・タブレットなどで証明されている。エメラルド・タブレットとは、アトランチスのメシアであったトス大帝によってエメラルド板に彫られた教えである。

これらの文字が竹内古文書によれば簡単に解読されるという。竹内古文書とは驚くべきものであり、これが日本にあることは大いに意味のあることであろう。

しかし私はこれに拘《こだわ》らず、ただ神からの予言と旧約聖書によって、神が今世のこの地球にどのように摂理されたのかを解明したいと思っていたし、神の意志もそうであった。

彼女との約束の一週間を終え、純粋な彼女に私は深く感謝して終わった。

ノストラダムスの予言

終末一九九九年七の月が近づいていた。あと六年で恐怖の大王が降ってくる――皆そのことを話題にしていた。

そんな時、ノストラダムスの予言の解釈書の中に不思議な言葉を見つけた。

「東の国から出る新しい何かによって、この災いは避けることができる」と、そこには東、東、東と、東の重要性が書かれていた。その東は日本を指している！と思った。その上、その責任が自分にあるような気がした。

神を求めて五十年、富田林にいた時、再臨が示され二本の十字架が渡される夢を見た。あれからもう四十年。教会をせよと命を受け、主人と別れて三十年が経っていた。長いな～と思う度に、ノアの百二十年、モーゼの八十年を思い堪えた。果てしない旅。手探りしながら彷徨《さまよ》い求め続けた、宗教遍歴ももう目ぼしいものはなかった。私について来た子供たちを思った。いつまで続くのか……ますますアンテナを高くしながら……見当もつかないキリストの再臨を待った。

悟り　その一瞬

悟り！　それをどう書き表せば良いのだろうか。

――その時は突然訪れた――イエスの再臨――

――その瞬間、私の心からすべての宗教と思想が消えた――超えたのではない、消えたのである。

――ついに訪れたその瞬間――

私の心は空になり、ただ神だけがおられた。その途端、初めてこの世にしっかりと足をつけて立ち、夢中で過ごした五十年を振り返っていた。

――何と凄まじい人生――

巻き込まれた人たちの犠牲の数々。それらを考える余裕もなく来た。神のことしか考えてこなかった。思えば皆、立派な人たちであった。それぞれの立場で使命を果たされたのである。母、姉、弟、主人、そして子供たちに、深く深く感謝した。

上の弟は、私が公立の幼稚園を辞め、給料の安い保育所に変わった年に、国立《くにたち》音大を退学し、東京芸大に入学した。母は借家を一件処分していた。下の弟は岡大医学部に入学し、二百七十坪の家は七十坪を残して人手に渡っていた。

そして何よりもこの貧しさの中、一度も文句を言わずについて来た子供たち。

今の今まで、私には戦後が続いていた。バブルの時代など全く知らない。世渡りの知恵も力もない私を見ながら、休みになるとアルバイトを探して助けてくれた。何と長かったことであろう……今、すべてから解き放たれ、今までと違った私が……完全に自由になった私がそこにいた。言いようのない想いに心は満たされていた。

一九九六年八月　六十八歳の夏であった。

「真理は、あなたに自由を得させる」

これはキリストの言葉である。しかし、自由なクリスチャンなど一人もいない。サタンの鎖は一応切れる、がしかし神の鎖の金縛りである。これは、他の宗教でも同様であるが、皆それに気がつかない。否、気がついてもどうしようもないほど、宗教の壁は厚いのである。

最後の一瞬――それはエデンの園で心に忍び込んだサタンを、とことん追い詰めた瞬間であった。〝宗教我《が》〟――最後のサタンはそこにいた。イエスの再臨は一瞬にしてそれを消し去った。

頭の良いサタンは最後の棲処を、愛と善を建前とする宗教と思想の中と決め込んだのだ。絶対に見つかることのない隠れ家にサタンは安住したのだった。互いに自らの宗教を最高とし、そのために戦争までさせていた。

巧妙なる　サタンは神の愛し子を　我《が》に縛り付け　世の王となる
悲し神　吾子を帰せと　数々のメシアを送りて　サタンと斗う
神の子よ　早く悟れよ　究極の　サタンの棲処　我が内なりと

サタンの正体が「我」であることは、すべての宗教が言っている。しかしながら、宗教自体が「我」に陥っていることには気付かない。無論中には気付いておられる人もいることはいた。イザナミの使命者S氏も「神は個人の中にいるの。宗教組織の中にいるのではないの」と言っておられた。

有名なジョン・レノンの「イマジン」の歌詞もそのような意味である。

「宗教なんかないと思ってごらん　国境なんかないと思ってごらん……」

とても素晴らしく、世界中で受け入れられている。

しかし「神は自分の中にある」と言われても、神さえ解らない人には解らないであろう。宗教はいらない。国境もいらない――これは最後の理想だ。しかし頭で理解しても、この歌でそれを実行する力までにはならない。

統一教会の文氏も「宗教の時代は終わった」と言っていると聞いたが、言葉だけである。未だに、文氏にお金を捧げるために一生懸命集めさせられているのだ。

それでは宗教はいらないのだろうかというと、決してそうではない。

人間は赤ん坊で生まれ、身体は食べ物で、頭は学問で、心は神で完成するのだから、そのための神の学問として宗教は必要であり、それが宗教の役目である。

心の成長のためには、バランスの取れた、解りやすく実行しやすい、養分を充分に含んだ宗教が必要である。統一原理は中学生になれば誰もが学ばねばならない神の学問である。この書では堕落論と復帰摂理を紹介したが、創造原理も素晴らしい内容を持っている。そして、これを学び、それを心に受けて成長していくのは自分自身であるのだ。ここを間違ってはいけない。決して、教祖に大金を払って、あるいは宗教組織のためにもたらした金額によって天国に入るのではない。まして人間が人間を祝福することなどできはしないのである。

アブラハムに与えられた祝福の言葉も、「あなたを祝福する者を私（神）は祝福し、あなたを呪う者を私（神）は呪う」のである。

神への捧げ物について

神への捧げ物についても、聖書「マラキ書」にはっきりと書かれている。総収入の十分の一が最高の捧げ物なのである。これは地球代なのだ。地球に生きるために備えられた万物に対する代金なのである。これがなければ生きられないのであるから。そしてその義務を果たす時、神は「私が天の窓を開いて、溢れる悪を与えるか否かを試しなさい」と言われている。神を試してはならないが、これだけは試せと書いてある。その報いがどんなものか――私は若き日にこの言葉を貰って、よく知っている。

宗教は道である

イエス・キリストは「我は道なり、真理なり」と言われた。天理教の中山ミキ氏は「自分は雛型じゃ、雛型の通らな雛型いらん」と、これまた通り道と言われている。宗教は皆、神に至る道であるから、行き着けば卒業しなければならない。万年留年では困るのである。

統一原理は理論としては完成しているが、心情はイエスに学ぶ必要があるし、聖霊による新生はイエスによってもたらされたが、それ以後は蓮如上人に救われた三味線婆ちゃんや、ガンジス河畔に座して悟りを得たタゴールなど、純粋で真剣に求める時には神が必ず与えると確信している。それぞれ自分に最も合った宗教があるはずである。

山に登る道はいろいろあるが、必ず頂上に辿り着ける道を選ぶことが肝要であり、わざわざ危険な道を選ばずに人が多く通った歩きやすい道を選ぶべきであろう。

多くの宗教から、それぞれの良いところを学んで自分の心の糧として成長し、神の子として自由を得るのが、神に創られた人間の最大の義務である。

神を求め続けた私の人生は一応ここで終わり、ここからは伸び伸びと自由を楽しみながら神の導きのままに歩み始めた。


一九九九年七の月の恐怖はもうないと確信していた。

古神道との出逢い

私は次々と不思議な本と出逢っていた。皆、古神道の本で、一般には出回っていない随分高価な本であった。F会長からちょっと聞いたことがあるような気がして、思い切って数冊購入した。

その本は驚くべき内容だった。

古神道――F会長から少し学んだだけで、詳しいことは知らなかった。今、自分の手にそれが与えられたのである。易占のみならず、ヨーガまでが古神道の中にあったのである。決して外国から入ってきたものではなかったのであった。

すべての源が日本であるように思えた。その上、多種多様な秘密の修法があって、これらを用いればあらゆる災いを避けられるのである。

しかし、これは軽々しくは用いられない。神から免許皆伝と認められていない低い次元の者が、むやみに用いると必ず霊障が起こるからである。また、これを受ける人にもそれなりの条件が必要と思われた。

これは親である神が、神の子の幸福のために与えたものであり、日本古神道とは凄いものであった。

オウム事件とヨーガ

その時私は、今まで来た道を早く書き記さねばならないと思った。

それは、地下鉄サリン事件が起こり、純粋で一途な人たちが大変な目に遭っていたからだ。私の人生でこれほどの堪え難い事件はなかった。たとえ一時でも入信していたので多くの人を知っていたし、入信の動機も月刊誌で紹介されていたので余計つらかった。

一人息子のTさんは、両親のためにマンションを買って住まわせた時オウムと出会い、オウムは全財産を持って入信するのが条件となっているため、仕方なくマンションを処分して両親を借家に住まわせて入信された。この人が弁護士殺害に関わっていた。

林郁夫氏も、麻原氏（刑が確定していないため、敬称をつける）がバッシングに遇っていた時、彼を救いたいとの思いから、すべてを捨てて入信されたのだ。腕の良い、信頼の篤い、慶応大学付属病院の医師でありながら、それを捨てる。こんなことができるであろうか。彼は医学で治癒しなかった鞭打ち症が麻原氏のヨーガで治った感謝からであったというが、あまりにも純粋な心の持ち主であった。家族全員で入信していたため、オウムが歪み始めても逆らえなかったのだろうか。

そのころの麻原氏は恐ろしい一面をむき出しにしていたはずだが、まだどこかに信じる心が残っていて、皆従わざるを得なかったのであろう。

宗教によるマインドコントロールは私自身経験して嫌というほど知っているが、F会長が言ったヨーガの恐さ、行の恐さをしみじみと思った。

行で神を知るのは不可能に近いのだ。何故なら、行をしようとする心には必ず欲が潜んでいる。そのため神界にコンタクトできず、欲界にコンタクトしてしまっているのだが、自分では真剣でもあり、行には必ず霊感と霊力が伴うため、そのことに気付けないのである。

オウムでは、その日に来た人がチラシを配って帰ってきて行に座ると、いきなりピョンピョンと飛び跳ねたりすることが起こっていた。私が統一教会で凄い霊体験をしたのと同じである。そのため、行には凄い魅力がある。人のできないことができる。超人になれる。それを神に近づいていると錯覚しているのだ。

神とコンタクトすることは、瞬間瞬間の心の在り方が真っ直ぐで純粋で無欲であれば良いのである。

善と愛の心で瞬間瞬間を生きる。その上に「神のみ」という、無の心が大切なのだ。神に尽くす。それが喜びだからそうする、それだけ。

これ以外に神の行はないのである。

真の行は、やる気のある人には誰にでもできるものでなければならず、真理は求める人のすべてに与えられるものであり、身体を痛めつける荒行の必要はない。

霊界には数多くの段階があるが、特に行者の霊界には凄い霊が多くいて、それらの霊は、凄い行をしている人に対して凄い言葉を語るのである。

「おまえには国を救う使命がある」とか「おまえは世界を支配する」などと平気で言ってくる。言われた行者も大抵はそれだけの苦行をしているので、その言葉を信じてしまうのである。所謂《いわゆる》、魔にひっかかるのである。

F会長は厳しくそれを戒められ、ほとんどの行者がこれにひっかかってしまうと言われていた。

さらに、その霊感も初めは凄いが段々と力を失って行き、早くて三年、長くても十年で消えてしまう。その時が一番恐ろしい。もう霊感も霊力もなく使い物にならなくなっているのに過去が忘れられず、狂っていき、様々な偽りの方法で自らを維持しようとする。これを行者乞食というのだと言われた。

確か東大を出て入信した人が、麻原氏から占星術の研究をさせられ、天体望遠鏡を与えられて、「何か解ったら私（麻原）に言うように。私の名で発表するから」と言われたのだそうだ。彼はサリン事件の後、一番にオウムを去っている。麻原氏の欺瞞をいち早くキャッチできる立場にいたからだ。しかし、早くから入信し、麻原氏の最も凄いところを見た人たちには、崩れかけた彼を見抜くことは困難だったのである。

ヨーガの研究は、沖正弘氏が昭和十四年に渡印して本物のヨーガに接し、自分が思っていた神秘ヨーガの間違いに気付かれている。

様々な神秘ヨーガのできる人たちに接した彼は、「これらの人々に接してみても、精神の高さを全く感じることができないのが不思議に思えた。その上これらは原始的・本能的な能力の開発であって、文明の進んだ国で、まるで生き神様扱いするのは間違いである」と気付かれ、「本当のヨーガとは神を知るのが目的であり、一挙手一投足に結びついたものであることを知った」と書いておられる。

彼はまた、インドで通常行われる、鼻から紐を通した鼻洗いや、口から紐を飲み込んで胃腸を洗うことも否定されてはいない。ただ、あまり極端なものは取り入れておられないが、身体的ヨーガも多く紹介しておられる。

しかしヨーガの本当の目的は、「無心放下の心を得る、本来の人間回復の道である」と説かれている。悟りの境地は皆同じなのである。

私は、ヨーガをする人はまず正しい神を知り、神との生活が通常の生活になっていることが大切だと思っている。何故なら、今現在の自分の霊と同じ高さの霊界にしかコンタクトできないからである。見えない世界とのコンタクトは慎重でなければ、とんでもないことになってしまう。

心が神に向かって無欲になれば、ヨーガはしても良いし、しなくても良いという思いになる。チャクラは神に拠る心、行為によって自然に開けるからである。

私は、石井久子さんのシャクティパットを受けてみたが、その時彼女は、「もうアナハタまで来てますよ」と言われた。胸に位置するアナハタ・チャクラは愛のチャクラであるから、クリスチャンは開いている人も多いと思う。今では全部開いていると思うが、そんなことはもうどうでも良い。

ただ、神と共に、神に向かって生きるだけである。

それが喜びだからである。まず神と共にある世界を充分に生きること、次の世界は、その上に開ける。どこまでも続く高次元の世界……しかし、決して慌てないことである。

今や有名となった上祐さんとは、ツァンダリーのイニシエーションの時に出逢った。彼は世話役をしていた。麻原氏は彼を修行の天才と月刊誌で紹介していた。

座っている私の前まで彼が来た時、私は言った。

「あなた修行の天才なのね。私は四十年、神と共に生きてるけど、ここに来たらあなたの下なの」と。彼は一瞬困ったような顔をして頭を掻きながら事務所の方へ歩いていったが、しばらくするとまたやってきて私の前に座り、低い低い屈んだ姿勢で下から私の目を見上げながら、「あのね……あのね……」と喋っていた。

まだ二十歳の本当に可愛らしい青年であった。


オウムの人たちを世間の人はまるで殺人鬼のように言うけれどそうではない。むしろこの世の人よりも純粋で良い人が多いのだ。真理だと信じてすべてを捨てられる人。本来ならば、神のために最高の働きをする人たちが集まっていたのだ。

頂点が狂ったのだ。これほど残念なことはない。麻原氏は絶対権力者だから、弟子は勝手には何もできない、すべては彼の指揮命令の下に動いたのである。彼はいつの間にかヤクザ世界の人間になっており、友人同士を殺し合わせるところまで行っていた。得体の知れない巨大な蛇になっていたのだ。黄色と黒の……。

幾人かがサリンに関わって死刑囚となったが、私は麻原氏以外には死刑囚はいないと思っている。彼さえいなかったら誰もあのようなことなどしなかったのだ。

「すべてを捨てて真理を求め、死刑囚となった人」

私は、その人がすべてを捨てて得るはずのものが本当は何であったのか、優秀な学歴も、家族も、友人も捨てて、一体何が約束されていたのか、彼らが生きている間にどうしても知らせてあげたいと思った。

地の裁きと天の裁きは別である。次に生まれてくる時は、神のための最高の働き人となるように、今世でそれだけは知って逝って欲しい。

そうでなければ、彼らは死んでも死に切れないであろうから。

麻原氏にも良いところは在ったはずである。ヨーガに対する熱心さと本来の負けず嫌いの性格が、誰にもできないほどの荒行をさせ、神を遠ざかり、否、神とは正反対の霊界にコンタクトしてしまった。

世界最高の解脱者と自負した彼は、世界最高の自我の持ち主となっていたのである。すべては彼のヨーガに対する無知から起こったことであった。


オウムに入信した多くの人は、神を求めた素晴らしい人たちのはずである。今、すべてを捨てて方向性を真っ直ぐに建て直す時である。どれほどの情があっても、今の麻原氏から離れなければ正しい道には帰れない。麻原氏から完全に離れれば、彼らは純粋で善良で優秀な普通の人であって、決して恐ろしい人たちではない。

予言の謎を解く

オウムを書き終えてホッとした時、神の言葉が私に臨んだ。

「序論は終わった、本論に入れ。今まで与えた多くの予言を繙《ひもと》いて、隠された謎を解きなさい」

何と長い序論。本論はこれから、それも長い間神が与え続けた予言の一つ一つ、その中にすべてが隠されている——それが本論なのか。今まではそれらの言葉を、人に話すことも、発表することも考えたことはなかった。

しかし今それを書く時が来たことを知った。


旧約聖書はイエス来臨までの四千年の歴史の書であるが、神の摂理は六千年であるから、あと二千年続くはずなのだ。その歴史はどこに記されているのか?

「ヨハネ黙示録」や「ダニエル書」に再臨のことは書いてある。「ダニエル書」の予言は、エレンジー・ホワイトが解明している。「ヨハネ黙示録」も多くの人が研究し、麻原氏もまだ凄い霊感があったころに幹部スタッフと一緒に解明して本も出している。どちらも見事に書かれてはいるし、再臨の時期もハッキリ示されているが、それ以上のことは解らない——何故か——神が隠されたからである。

何故？……サタンに奪われないためであった。私は隠された部分を探り始めた。

神は再創造の始めから、六千年の計画を立てておられたはずである。深い瞑想の中で旧約聖書を探っていった。どこかに盲点があるはずである。

旧約聖書を通読するような人は、神学生以外にほとんどいないであろう。神学生や牧師が通読しても重要なところ以外は頭に残らないと思った。あまり必要とは感じない記述も多い。神はその盲点を利用された。

旧約聖書を読むうちに、一つだけ不思議なことを発見した。それは、「歴代志」上一章二十八節、アブラハムの子孫はイサクとイシマエルであると書かれている。

さらに、イサクの子孫もイシマエルの子孫も詳しく記されている。

しかし、「創世記」二十五章一節には、アブラハムが妻サラの死後に再び、妻としてケトラを娶り、六人の子を生み、その子らもまた子を生んだと、「歴代志」にはない子孫について書かれている。そしてアブラハムはこれらの子をイサクとは厳しく区別して東の国へ移らせた、とある。

ここに、大きな隠された意味を発見した。何故か——神は彼らをここで完全に旧約聖書から抹殺されたからである。聖書では登場人物のそれぞれの子孫については実に詳しく書いてある。失敗者であるカインの子孫でさえ、エデンの東、ノドの地へ移ったと明記されている。エソウの子孫も詳しく書いてある。しかし、アブラハムの二度目の妻の子のことは、ここで消えて再び出てこないのである。

何故なら、四千年の歴史には必要ないのだ。否、もっと大切な使命のために敢えて抹殺したに他ならない。

少し話を戻して、ノアの子供のことに触れてみよう。

セム、ハム、ヤペテの三人の内、ハムはノアが百二十年かけて成し遂げたはずの神の摂理を、自らの軽率な行動で失敗に終わらせてしまう。

その時のノアの激怒の言葉が、「カナン（ハムの子孫）は呪われよ。僕の僕（奴隷）となり兄弟たちに仕える。セムの神は誉むべきかな。カナンはその僕となれ。神はヤペテを大いならしめ、セムの天幕に住まわされる。カナンはその僕となれ」であった。

この三人から地球人類は出発することになるのであるが、長子セムが黄色人、ハムが黒人、ヤペテは白人の祖先として、それぞれアジア地方、アフリカ地方、ヨーロッパ地方に広がったことが解る。約五千年昔のことである。

神はセムの子孫からアブラハムを選び、親族のすべてから厳しく区別して切り離し、カルデラのウルの地に住まわされるのである。

サラが仕え女ハガルをアブラハムに与えて産ませたイシマエルは、その後サラに追われ砂漠の地（アラブ地方）へ逃れるが、神はイシマエルにも大いなる民とすることを誓われ、一つの井戸を与えられた。これが石油である。


さて、アブラハムの二度目の妻の子らは東へ移動したとあるが、どこかは書かれていない。彼らもまた神の選民であり、親族との交わりを固く禁じられていた民である。東の地はノアから千年も経った時には、住み良い所には皆、先住民がいたはずであり、彼らは当然それらの土地を避けて密かな移動をしたであろうと思われる。しかし神は、行き先も行路もすべて予定されていたと思うのである。

では、一体どこを通ってどこへ辿り着いたのだろうか。

彼らは人の住まないヒマラヤ山麓から砂漠を経て、モンゴル、満州を通り、極東に移動し、北海道から東北と温暖な地を求めて南下し、ついに秀峰富士を最も相応しい居住地として選んだのである。四千二百年ぐらい前である。

途中で最高峰ヒマラヤに魅せられた少数は、神の意志でそこに留まり、寒さと戦いながら、専ら神との会話に明け暮れし、後のヒマラヤ聖者となった。

羊、山羊、牛、馬などを連れて移動する彼らには、モンゴルの大平原は最も適した所であったため、そこにも数家族が留まった。今のモンゴル人の祖先となった。

モンゴル人と日本人はいろんな点で区別し難いほど似ているが、当然のことで、同種族なのである。

それらを残してさらに極東の地を求めて旅を続け、ついに辿り着いたのだ。

この子孫は、アブラハムの口を通して、日出ずる国を創れとの命を神から受けていたのである。高千穂の峰は富士のことであり、これが日本の国の起源であり、天皇の祖先である。地球で朝日が最初に照らすのは富士山頂である。

万世一系の天皇、神武から二千六百六十年、本当は四千二百年続いて来たのは、背後にアブラハムの神がおられたからであり、これほど長い間を偶然に続くはずはないのだ。彼らは天孫族であり、殖える度に地方豪族として分散していった。これが、天孫降臨である。

日本には不思議な石がある。叩けば楽器のような音を出すが、その音が宇宙の周波数と同じ音なのである。これと同じ音がモンゴルの一番高い山に立つと聞こえるのである。

また、ヒマラヤの麓に作り方が秘法として伝えられるベルがある。これは鳴らすのではなく、木でベルの周囲を撫で回すと、しばらくして遠くから響くように宇宙音が聞こえるという不思議なものなのだ。これらの地方に存在するこの現象、これらの場所は地球の磁場なのだ。彼らはそれぞれ、そこに留まったのだ。

神の導きによってこれらを知り得た私には、いささかの疑問もなかった。しかし、書いて発表するには不安があった。人がこれを信じてくれるだろうか——？

その時、目の前の本棚の大きな本が目に止まった。F会長から聞いたことがあったため買い求めた、古神道の本であった。読むには分厚過ぎて大儀であった。

神占した。「読んで役に立ちますか」——神占の答えは「この本ですべてが解ける」であった。胸をドキドキさせて読んだ。

日本天皇の祖先が最初、富士中腹に住まれたこと。その際、南には先住民がいたので北側の中腹を拠点とされたこと。そこにはモンゴルの言葉らしきものがあったことまで書かれていた。高千穂の峰は最初は富士であったが、度々の噴火を避けて、また外敵に備えるために九州日向に遷都され、これを天孫降臨というと書かれていた。さらに著者は、「天皇の歴史は二千六百年や三千年のことではなく、もっとずーっと古いのではないか。富士に住まわれたのはもっともっと昔ではないのか」とも書かれていた。

私は、自分が繙いた歴史が決して間違っていなかったことを知った。


旧約聖書には、モーゼがピスガの山で死んだと書いてあるが、これもまた疑問だらけである。彼は百二十歳であったが、その目はかすまず、その気力は衰えていなかったと記されている。また彼の墓は見つかっていない。

モーゼをここで死んだことにしなければならなかったのは神の都合上のことで、彼はその後、日本に来ていたのだ。


自然石に彫られたモーゼの表十戒・裏十戒が日本にある。また、過ぎ越しの夜の血塗られた門は鳥居として日本中の神社に備えられ、祭壇を担いだという契約の箱はお神輿として神社に保管され祭りの主役となっている。

これらは皆モーゼが使命を終えたあと日本に伝えたものである。

ダビデも日本に来ている。

ユダヤのカゴメの紋章は伊勢神宮の石灯籠の全部に刻まれている。

〝カゴメ　カゴメ　籠の中の鳥はいついつ出やる　夜明けの晩に〟

この不思議な歌の中には日本の深い使命が隠されていたのだ。

キリストも若き日、日本に来られていてその姿まで書かれた本がある。これらは神道に触れた人たちによって早く紹介されていたが、多く半信半疑で、一般に出回ることはなかった。

しかしすべて本当であった。

日本はアブラハムの子孫が創った故郷であった。

イエスも十字架上で使命を終えられた後、日本で暮らされ、二千年後の再臨の準備をされたのである。

バビロン捕囚から解放された支族も多く日本に来たのだ。

これは神の意志であった。

もし全員イスラエルに帰還していたらイエスを十字架に架けた後、次の摂理をする条件を持った民族はいなくなってしまうのだ。

神はあらかじめイエスの勝利の難しいのを知られて、最後の摂理の地へと導かれたのである。彼らは先輩たちの築いた日本でそれぞれ土地を選んで暮らしたが、ヨセフの子孫だけは他と区別され、生駒を拠点としたのである。

それは異なる使命を持っていたからである。

先に来た子孫は日の本の国を創る使命であり、ヤコブの勝利でイスラエルの名を与えられた十二支族の中でアブラハム、ヤコブ、ヨセフと神の祝福を受け継いだヨセフの子孫は再臨の使命を持っていたのである。

日本のみならず世界的な使命であった。

日本古神道はなぜ消えたか

アブラハムの神、日本古神道はなぜ消えたのか。

これを解く前に旧約聖書からイスラエル民族の神の歴史を学ぶ必要がある。

神は堕落した人間の中から神の求めに相応しい人間を一人選び出し、その人を通して摂理してこられ、多くの民は一人の人を通して神と交流した。アブラハム、イサク、ヤコブ、ヨセフ、モーゼである。

モーゼと語り合っていた神はシナイ山で律法の数々を示し、はじめて選民たちは直接に神の言葉を与えられたのである。前に約した十戒と数多くの広範囲に亘る律法であった。

しかし、「出エジプト記」とカナンに入ってからの「士師記」を読むと、彼らが度々神の律法に背き、驚くほど偶像の好きな民族であったことがわかる。

「出エジプト記」三十二章、「士師記」二章、四章、六章、八章、九章、十二章、十三章等々、数えればきりがないほど彼らは神に背いているのだ。打たれては悔い改めまた背きまた打たれては悔い改め、ダビデの子ソロモンまでが最後は外国の女に迷わされ、外国の宗教を取り入れたのである。

厳しい神の掟、外国の宗教と交わらぬこと、木、石、銅などで刻んだ像を作ってはならない、それを拝むな、と幾度も幾度も幾度もくり返される神の掟を幾度も幾度も破るのである。

さて日本に来たアブラハムの子孫はどうだったのか。

先住民はいるにはいたが目欲しいものはなく、外敵に備え、九州はしっかりと固めていた。が、国内では大した争いはなかった。

神武天皇と長髄彦

神武天皇東征の時も、少々の争いはあっても生駒に来るまでには皆が屈伏し、不平を持つ者はなかった。

ただ、生駒の長髄彦《ながすねひこ》は違っていた。烈しい抵抗で天皇は兄の五瀬命《いつせのみこと》を亡くされた。天皇は悲しみのあまり戦意をなくされそうになったが、神は八咫烏《やたがらす》を道案内として再び戦わせ、金色の鵄《とび》により目をくらませられ勝利を得られたとあるが、本当はこの時、長髄彦に苦戦する天皇の背後に朝鮮・支那などの外国の影がチラホラと見え隠れし、長髄彦は神意を悟って和睦したのである。

この時生駒を治めておられた天孫族（ヨセフ）の子孫、饒速日命《にぎはやひのみこと》に神武天皇は天孫族に伝わる証拠の品を求められ、それを見て納得されたのである。

長髄彦を大逆賊とした歴史は正しいものではない。

このころ長髄彦の領地は広く、一つの統制された立派な国を成していたと思われる。

神武天皇はここを拠点として、橿原に宮殿を建て、即位され、日本の礎を据えられたのである。

神を祭ることが日本の政治（まつりごと）であり、祭政一致の国として天意を無視した政治はなかったのである。

神の御心によって民を治めるのが天皇の御役目であり、神より選ばれた先祖であるゆえに先祖霊を祭り、ここに忠孝一致の道、惟神《かんながら》の道の真髄が教示されたのである。饒速日命は物部氏の遠祖である。

大和朝廷と渡来人

大和朝廷の大和とは神と人、人の上下の和を意味する大きな和という意味を持つ名でもともとこの地は「やまと」と呼ばれていたのである。

この日本に興味を持つ近隣諸国からは渡来する者も多くあり、秦の徐福はいち早く五百人を従えて富士山麓に居を構え、蚕を養って機を織り絹布を捧げた。徐福は日本で死んでいる。

日本にある秦氏の先祖はユダヤとされているが、徐福の子孫かどうか知らない。しかし古神道に敬意を表した最初の人である。

持ち帰られた古神道の教えと持ち込まれた思想

伏儀は来日して古神道から天津金木・天津管曾・天津言霊を持ち帰り、易の基を作った。

陰陽五行も元は古神道の思想である。

孔子、孟子も日本に学んだ。しかし彼らはそれまでに持っていた彼らの思想を日本に持ち込んでいる。

神道家の関口野薔薇氏は『日本神道学』の中に古神道が中国の思想に汚されたことを書いておられる。

この後日本に帰化した外国人は、多く飛鳥地方に住んでいた。天智天皇のころには大きな勢力となって朝廷転覆を企てたこともあり、読みやすい神代文学がむつかしい漢字になり、中国武帝軍団が日本を侵略しようとしたこともあった。

中国から仏教を伝えようとした鑑真和尚は五度も船が難破し、それもひるまず渡日したが、その時は盲目になっていた。

この情熱はひとえに仏の慈悲を教えたい一心だったと思うが、五度も難破したのは、日本の神霊界が必要ないと拒絶していたのである。

仏像は、教えに感動して作ってみたい心は理解できる。

しかし神は形にできるものではない。仏像の価値は悟りに達した人の姿を如何に形に表現できるかという心を込めた芸術品としての価値であって、うっかりこれを信仰の対象として祭ったり拝んだりすることは偶像崇拝の甚だしいものである。刻んだ偶《でく》や彫った偶には何の力もないのだから。

奈良朝廷の謎

また、奈良の都には大きな謎がある。

もともとこの一帯は大和と呼ばれていた。何故奈良に変わったのか。

饒速日命の子孫、神道直系である物部氏が、仏教系渡来人の豪族、蘇我氏に破れ、仏教が大手を振って日本に入ってくるようになり、聖徳太子が現れるのであるが、このころの歴史はどこまでが真実かあやしいのである。歴史は勝者によって作られるからである。

奈良の大仏という最大の偶像があるが、これが建立されたいきさつは、当時疫病が流行り天災が起り、天皇がこれを鎮めようと思われた時、仏像を作ることが提案され、当時の世界最大の仏像を作ることとなるが、当然日本にそれのできる仏師はいない。名乗りを挙げたのは百済の渡来人で、それも名は国中連公麻呂《くになかのむらじきみまろ》といった。

彼の指導の下、大仏ができるのであるが、これを見ても当時仏教を伝えた渡来人が如何に大きな力を持っていたかを窺い知ることができる。彼らは表面こそ天皇を奉ってはいたが、実はやりたい放題であったと思われる節が多い。

「ナラ」とは韓国語で「国」という意味がある。「奈良」の字には日本語の意味はない。「ナラの大仏」とは「韓国の大仏」という意味である。

奈良朝の歴史は仏教中心の歴史となり、アジアの多くの仏教国との交流がこの地でなされているが、その中心は渡来百済人だったと思われる。

奈良にはいまひとつ不可解なことがある。特殊部落の多さである。歴史をいくら調べても起源が解らないのであるが、大和の国でこの差別は考えられない。日本の建国の精神にも反していて国体に合わないのである。また同民族がここまでひどい差別をするとは考えられない。

朝鮮民族は農耕民族であり、アブラハムの子孫も日本に来てから農耕を主としていたと思われる。住む場所によって生活は変化するからである。

しかし聖書の中で神はアブラハムに燔祭として羊や牛を捧げさせておられる。厳寒の地を旅してきた彼らには毛皮や肉は必需品であった。

当然これらの風習は日本に来てからも残っていたはずである。

特殊部落とされる人のほとんどすべてが屠殺業、皮革業であることを考えるとき、殺生を悪とした仏教渡来人が勢力を持ち、これらの人たちを烈しく嫌悪し一般人と区別して最低の位置に落としめ、穢多・革多・非人とし、交わることはもちろん、住む地区までも別にしたと思われる。

聖徳太子が「殺生禁止令」を出していることを考えても、当時の仏教系渡来人が絶大な勢力を持ってこれらの人を区別したのはほぼ間違いないことであろう。

F会長が言われたが「部落とは原住民のことである。楠正成も部落の人で、湊川神社は部落にあるのです」と。

それはあまりにも不思議である。

後醍醐天皇が足利氏に追われて吉野に逃れた時、天皇の守護役として唯一、神が示されたのが楠氏であった。

何故神は部落の人を選ばれたのか。

また、楠正成は日本神道に詳しい人であったことは随所に窺えるのである。日本人は部落民を想像を超える激しさで区別してきた。しかしまた、これと同じくらい朝鮮人・韓国人を区別した。

世界中どこの国の人もここまでの差別はしなかった。

これは業《カルマ》の裏・表ではなかったか。

仏教は因果の報、原因が結果を生ずることを説いているところが優れているが、日本敗戦後、解放されたはずの韓国・朝鮮は長い間苦難の歴史が続いたのだ。

私はそれを大変気の毒に思っていた。

韓国はキリスト教の盛んな国であり、統一教会で知り合った人たちは皆とてもよい人であった。しかし冷静に歴史を見るとき、人智で測り知れない「天の掟」があるように思えた。

日本古神道に触れた人たちは皆、日本は仏教に汚染されたと書いている。

私もそう思った。

それらに染まりやすい精神性を持っていたことも事実であるが、サタンが仏教を通して日本人の心に入ったのだ。

天地創造の神でなく、観音様とか菩薩様とか、それも形だけに惚れこむ偶像崇拝に変わっていった。

葬式仏教になり、生きた神を持たない死んだ神を形だけで拝む国民になり下がってしまった……。

もちろんこれが仏教の真意ではないが、日本人にはそれ以上のものとしては入らなかった。頭でわかっても、心の根本から作り変える力はなかった。ほとんどの日本人の心の中に生きた神は住んでいない。

統一教会にいた時アメリカに旅行した。ニューヨーク、サンフランシスコ、そしてハワイと。

そこで日本人の公共マナーの悪さ、道徳心の欠如に幾度も赤面させられた。アメリカの人々の心にはキリスト教が染み込んでいた。これは仏教国では見られないことであった。

F会長とはネパール、インド、タイを旅した。

高い修行者の中には少数の優れた人がおられたが、一般人のほとんどが普通の人だった。

日本人はアブラハムの神から与えられた厳しい戒めを破って、外国の神を取り入れ、偶像を刻み、真直な軌道から外れてしまって崩壊したのである。

昭和天皇

ただ一人、絶対に汚染されなかった方がおられる。

昭和天皇である。

天皇になられるためには戦前は古神道による祭政一致の天皇学が代々受継がれてきたと聞いている。

天皇家は支那朝鮮から伝えられる道教・儒教・仏教にも敬意を表しながら、アブラハムの神から伝わった神を中心として決して汚染されることはなかった。

心の中心が真理に基を置いていれば、他の教えからも良い部分だけを見ることができるのである。四千二百年余り続いた、天皇が最高の権威を持たれた時代の、最後の天皇が昭和天皇である。

明治大帝亡き後、ロシアに勝った軍人の勢力が強くなり、神も天皇も差し置いて日本を牛耳り、そのまま昭和となり、その時には昭和天皇にもどうすることもできなかった。

このまま続くはずもなく敗戦となるが、それからの天皇の力は本当の位置を取り戻され、すべてを発揮された。

天皇は自然のままに振舞われて……それがマッカーサーをはじめ、天皇に接した各国の要人をして、

「日本天皇ほど純粋な方は見たことがない」

と言わせたのである。

宗教の臭いの微塵もない、ただ、神と一つになっておられる現人神。

四千二百年続いた古神道をしっかり受け継がれ、それを心の基礎として完成された人格が昭和天皇であった。

軍国日本を神が打ち壊す時、敗戦というかつてないこの時に、神が備えた天皇であった。

アブラハムの神はただ一人、昭和天皇を備えて日本を守ったのである。

今すべての人が心を生きた神に返す時、地球はノアの一家族に還る時が来たのだ。物が余って使い捨て時代と言われている時、食べ物もなく、着る物もない人が地球に多くいたことを知るべきである。

選民とは宝の民である。神を失った日本人にその価値があるだろうか。まして敗戦によってプライドも愛国心も失ってしまった日本人。昭和天皇の高い御人格は人間性の低い人たちには見えず、かえって外国の精神の高い人たちを驚かせていたのである。

アインシュタインもその一人であった。

事実、昭和天皇には世界最高の霊界が待っていたのである。

選民について

失敗の歴史を元返しするための使命者として選ばれたのが選民である。アブラハム、イサク、ヤコブ、モーゼ、彼らは神に選ばれ、想像を超える苦難の道を辿っている。イスラエルがイエスを十字架に掛けた時、使命はクリスチャンに移った。クリスチャンは十字架を背負って神の愛だけを武器としてサタンと戦った。そして再臨の時を迎えているのである。

ハムの失敗もイスラエルの失敗も皆償いの期間が終わって許され、大国、小国、小民族などの差別がなくなり、全人類が平等となって、神の子として完成する時を迎えたのである。

救世教の入信歌

地上天国　世に創つまでの
いと深き仕組みにありぬ
永き歴史は

その仕組みは解かれたのである。

仏教について

ここでちょっと仏教に触れる必要があろう。

仏教は知っての通り、釈迦が王位を捨て六年間座って悟りを開いたと伝えられている。しかし当時はヒマラヤの裾の辺りにはアブラハムの子孫から発した教えが伝わっていた。


宗教はその地に相応しい型で広がるものである。

インドという酷暑の地ではジャイナ教とかヨーガの型で伝わっていた。しかし真の極致は最後は自分で得るしかない。妥協できない釈迦は、今までの在り方に満足できず、自分で悟りを求め、六年間かけそれを得たのである。

荒行や霊感で得るものを捨て、真の心を得られたのである。

釈迦はヨーガから出発してはいるが、その説かれる教えは宗教の極致と同じであった。すなわち神の心である。古くからその地方に伝わる下地があったからこそ、六年という短期間で悟り得たことは間違いない。ということは仏教もまたアブラハムの神にその起源があるのである。釈迦の最後の教え「自灯明・法灯明」は、「我が身は宇宙の象奇にして、魂は玄霊の霊化」とする古神道と同じである。

しかし、言葉がストレートな神道と異って、仏教の教えは哲学的で難しく、弟子たちは頭だけになりやすかったのではなかろうか。

「自分の像を作るな」との言葉も空しく、次々と仏像が作られ、偶像崇拝になってしまい、その影響を日本が一番多く受けてしまったようだ。

朝四時のラジオ「心の時代」で仏教教師が言った。

「日本は凄い国だ。どの家にも神がいるのだから」と。とんでもない、仏壇と神と一緒にされては堪らない。仏壇は先祖の拠り所であり、神は宇宙の創造者である。仏教を学ぶなら真の仏教を学ぶべきである。

サタンとの最後の戦いの時

大宇宙の一つの家庭である地球。宇宙を一つの身体と考えるなら一細胞である地球。

もし身体の細胞がガンに汚染されたら治すか、切除するかである。他への転移は許されない。

人間は過去に幾度も切除された。

今またその時を迎えた。核爆弾の量は、地球を滅ぼす量をはるかに超えている。サタンの心が勝つ時はひとたまりもない。神は必死であるが、サタンもまた必死で抵抗しているのだ。

まさに最後の決戦である。

私が長い序論を終わり、神の示しで予言を繙き本論に入ろうとした時、サタンの強烈な抵抗で三カ月入院した。思いもよらないことであった。四週間水一滴飲めず必死の戦いだった。

サタンは入り口を必死で探して、しっかりと私を守ってきた大切な基台にゆさぶりをかけて侵入したのである。

気付いた私は子供たちにしっかり基台を組んで祈るよう命じた。その日の夕方から食事が食べられるようになり回復していった。

サタンは人間を神の愛の中に還したくないのである。

今の地球に閉じ込めて、悔しい、悲しい人間を多く作り、それを見て、自分を慰めているのである。

しかし人間が完成して神の心を持てば天使もその愛の中に生きることができるのだ。尽くされた真心を踏みにじったために歪めてしまったことを……一言の感謝を忘れ、サタンを造ったことを肝に銘じるべきである。

宇宙の孤児となった地球が方向転換する時が来ている。自我から他我へ自利から他利へ変る……全員が……神の子に目覚めた人は自分も人も大切にする。ただそれだけのことが、それが力まず自然にできることが大切なのだ。皆、親のこと、兄弟のことは考える。親戚、従兄弟……と考えていくと、先祖は皆ノアである。一家族である。

この想いになって他人意識をなくした時が天国である。

とはいえ永い間の生き方、考え方の差でそれぞれの業《カルマ》が千差万別であり、立場は皆違う。この狭間をどう埋めるか。

サタンはカインを慕い求める。同じ思いだからである。ゆえにカインを作らないことがサタンの活動を止める唯一の方法である。ずるい人間は必ず相手をサタンにする。自分が得をしようと思う心がサタンを作るのだ。また、貧富の差がひどいとサタンが働きやすくなる。

「貧しい人は豊かな人のためにある」という言葉がある。人を助けられる、これ以上の幸せはない。最低、衣・食・住には困らないように助けることだ。豊か過ぎて見失うものも多いのだ。

少し貧しいくらいが健全に生きられる。科学も進み過ぎると危い面も出てくる。自然と一つに生きることは最も素晴らしい。東南アジアの諸国は豊かではないが、自然と一体に生きる術を知っている。私の若いころは蜻蛉《とんぼ》でも十種はいた。お羽黒とんぼ、蚊とんぼ、糸とんぼ、やんま、鬼やんま、塩辛とんぼ、秋茜、等々。今は鬼やんま、塩辛とんぼを一夏に一度見るくらいである。

水洗トイレの国の近海は皆赤潮地帯である。

化学も科学もその他のあらゆる学問も皆必要である。ただ、心が愛に基づくときのみ素晴らしいものとなる。地球は人間だけのものではない。鳥も獣も昆虫も皆自分のものと思って暮らしているのだ。ただ、殖えすぎて害を及ぼすときは正しく処置せねばならない。神はすべてを神の子人間のために造られたのであるから。

正しい愛は厳しさを伴うものであり、決して盲目な溺愛は愛ではない。お人好しと愛とは違うのである。愛とは与える者も与えられる者も等しく持たねばならない心である。天国はその上にのみ実現するのだから。

宇宙の入り口に立って

地球人は今宇宙の入り口に立っている。

しかし、宇宙はどんな所？　宇宙人とは……？　などと考えても今の次元では解らない。

無駄なことである。

まず心が完成すること……。次の世界はその時開ける……。

もしアダムとエバが堕落しないで完成していたら、メシアはいらなかった……ということは皆イエス様と同じであった……ということで、完成した人間は堕落人間からは想像もできないほど高い。しかし神はごくわずかの完成した神人を作って、ヒマラヤの上に聖者として住まわせておられる。

彼らは今は下界に降りることはない。次元が高く理解できないからである。

しかし地上に霊的に高い人が殖えれば、彼らは指導者として交わり、地球人は宇宙人へと成長していくだろう。

小さな地球で争いに明け暮れたことの馬鹿らしさを知るだろう。

宇宙はとてつもなく広く、目を見張るほど素晴らしい。
しかし想念移動が可能となれば距離はない。
すぐそこにあるこの世界を、小さな自我で失わないことである。

あとがき

古神道は秘かに守られ続けてきた。また多くの人が日本の国体について研究し古神道に触れ、ユダヤとの関係にも触れておられる。数々の証拠があるにもかかわらず、一般に認められることができなかった。大元が解らなかったのだ。

先祖の地・生駒と数々の予言……。

二千年前にイエス様が日本に来られ、大谷古墳と十三塚を造っておられたからこそすべてが明らかとなり、これまでの方々の苦労が報われるのである。

古神道・万世一系の天皇、先祖の地・生駒……ここに於いて、アブラハムに与えられた約束の基台が完成したのである。

神の御計画を知った今、成すべきことはただ一つである。しかし、天国建設という、とてつもない大事業を前にして誰もが戸惑いを感じるであろう。当然のことであるが、決してむずかしく考えないことである。

人間には、公的使命と個的使命とがある。公的使命は神の目的のために尽くすことであり、個的使命は心を磨いて神の子となることである。

人間はもともと神の子であり、神の霊的遺伝子を受け継いでいたのだ。そこにサタンが侵入してサタンの遺伝子を組み込んでしまったが、それに気づけば再び神を求めて、サタンの遺伝子から神の遺伝子に組み替えれば良いのである。

霊的遺伝子は、受精の瞬間に、男の子は父親、女の子は母親から受け継ぐものであり、故に胎教以前の親の有り方が大切なのである。しっかりと神に繋がって新生したうえで子供を立派に生み、育て、家庭を守り、親を守り、無駄を省いて神に捧げ、決して押し付けでなく神の御旨を告げ知らせる等々……公的使命は尽きないが、できることから始めればよいのだ。

今まで宗教の中で生きてきた人も、今初めて神を知った人も、これからは共に手を携えて一つの目的に邁進するときが来た。サタンの好む、分裂・闘争を捨てて歩んでいこう……。

最後に、この本を読んでくださった方々に、深く感謝すると共に、全人類に与えられた重大な使命の最初の担い手としての責任を、選ばれた国の民としてしっかり受け止め、感謝を持って立ち上がってくださることを願ってやみません。

平成十五年十二月

シオン真極

真極《マキ》の会について　（平成十八年四月発足予定・現在準備中）

この本を読まれて主旨に賛同くださる方の会として設立します。対象は中学生以上とします。入会を希望される方は、次ページの入会申込書をコピーし、必要事項をご記入のうえ、入会金三千円を添えてお送りください。

入会者には必要な資料をお送りいたします。会員特典もご用意しています。お電話でもお問い合わせください。

○問い合せ先　○七四三－七三－四四六四　木・金　午後一時～

○送　り　先　〒六三〇－○二四二　奈良県生駒市新生駒台三－三〇

大谷方　真極の会

○振り込み先　郵便振替　〇〇九九〇－〇－二六八三六一　大谷いづ子

真極の会　入会申込書

ふりがな		男・女
氏　　名		
生年月日	大・昭・平 年　月　日　歳	
住　　所	〒	
電　　話	自宅	
	携帯	
	FAX	
信仰歴 (詳しく)		

事務局使用欄

[著者紹介]

シオン真極（しおん　まき）

昭和２年　兵庫県に生まれる
昭和19年　神との出会いを体験し、クリスチャンとなる
昭和32年　神との対話の生活が始まり、生駒の地に導かれる
昭和45年　再臨を求めて各宗教を遍歴し研究する
平成５年　すべての宗教から脱する
平成13年　多くの予言により、終末に関する神の秘密をひもとく

神の隠した　もう一つの選民

2004年2月19日　初版発行

著　　者　シオン真極《まき》
装　　幀　谷元　将泰
レイアウト 組　　版　村田　一裕
発 行 者　高橋　秀和
発 行 所　今日《こんにち》の話題社《わだいしゃ》
東京都品川区上大崎2-13-35 ニューフジビル2F
TEL 03-3442-9205　FAX 03-3444-9439
印　　刷　互恵印刷＋トミナガ
製　　本　難波製本
用　　紙　富士川洋紙店

ISBN4-87565-547-9 C0014